사람을 살리는
아름다운 대화기술
그 힘

Assertive Beautiful Communication Skill, It's Power

사람을 살리는 아름다운 대화기술 그힘

Myung Mi Ryu 여명미
Chun Kee Ryu 여천기
Yoojin Seo 서유진
공저

문학나무

차례

저자 약력 | 서문 __ 010~021

여명미 | 행복을 안겨준 아름다운 대화기술
여천기 | NEVER TOO LATE
서유진 | 예수님의 아름다운 대화기술은 상처를 치유하는 보물이다
여명미 | 감사한 하나님 그리고 친구들

서론 | 대화기술이 무엇이길래? __ 022

첫째 장
예수님식 대화방법, 아름다운 대화기술

1. 예수님이 사랑하신 것 같이 (요한복음14: 34-35) __ 030
2. 마르다와 대화하시는 예수님 __ 031
3. 누구나 배울 수 있는 예수님식 대화기술 __ 033
4. 인간관계의 원칙은 황금율이다 __ 035
   (사람을 진정으로 존중하고 사랑하는 옥토마음으로)
5. 예수님의 마음과 공감 __ 037
6. 정서적 공감, 인지적 공감 __ 041
7. 뇌의 가소성(Plasticity), 크리스천의 성품 __ 043
8. 대화기술이 주는 축복, 유익한 열매들 __ 046
9. 한마음이 되는 순간 __ 048

둘째 장
대화기술은 능력이다

1. 김 박사의 딜레마 __052
2. 언어와 대화기술의 능력 __054
3. 행복한 인간관계와 성공의 열쇠는 소프트 스킬, 대화기술이다 __056
4. 직장에서 실패, 인종차별인가? 자신의 문제인가? __058
5. 능력 있는 지도자는 두 스킬을 갖추고 있다 __059
6. 하나님이 쓰시는 실력자 __061
7. 보고 배우는 언행, 뇌거울신경세포(Mirror Neuron) __062
8. 대화기술이 뇌건강에 주는 영향 __064
9. 하나님의 형상회복, 상처치유 __066
10. 트라우마, 기억과 감정의 연결 __067
11. 장벽을 허무는 대화기술 __070

셋째 장
아름다운 대화기술 본론
(Assertive Beautiful Inter-Personal Communication…)

1. 대화의 내용과 전달법, 소통의 시대를 기대하며 __074
2. 일곱(7) 대화기술 소개 __075
   (1) 자기(자신)관리 기술 __076
      a. 마음관리- 옥토마음 가꾸기 — 예수님 마음 본받기
      b. 표정 관리
      c. 목소리 관리
      d. 눈과 눈동자 관리

e. 말 관리

f. 태도와 몸짓관리

g. 스킨 쉽 관리

h. 분노(감정)관리

i. 생각 관리, 부정적인 생각은 부정적인 삶을, 긍정적인 생각은 긍정적인 삶을

(2) 듣는 기술, 경청(Good Listening, Empathic Listening Skill)) __085

  a. 경청은 능동적 행위 - 두 귀를 세우고

  b. 경청 기술은 옥토마음으로

(3) 공감대화기술(심정 알아주기), 존중과 사랑의 표현방법 __088

    (Empathic Responding Skill, Active listening, Reflective listening)

  a. 공감대화기술은 황금율을 적용하는 대화기술이다

  b. 공감의 힘

  c. 나의 응답(화답)은 내 말인가? 공감인가?

  d. 공감대화는 조건 없는 사랑의 표시

  e. …할지라도, 그럼에도 불구하고(Regardless) 공감한다

  f. 공감(반응)대화기술 훈련

  g. 공감대화기술 적용훈련

  h. 한 이방 여인의 이야기- 경청과 공감의 위력

(4) 내 마음 전달 대화기술(나 전달법) __102

    (I - Message, Effective Self-Expression Skill)

  a. 내 마음 전달 대화기술이란?(I-Message?)

  b. 감정표현의 필요성(*감정표 205~215p 참조)

  c. 내 맘 전달 대화기술 공식(I-Message, Effective Self-Expression Skill)

  d. 너 때문에 메시지(You-Message, Because of you)는 남을 탓하는 대화

  e. 내 마음 전달 기술의 허와 실

f. 나의 앞길 막는 친구

   g. 나의 영역, 당신의 경계선

 (5) 지혜로운 질문기술 : 질문하는 기술, 질문에 답하는 기술 __119

   a. 질문대화기술을 배워야 하는 이유(유익성)

   b. 질문하는 기술은 용감한 도전자를 만든다

   c. 막말 질문의 적절한 대응은 성숙의 길이다

   d. 질문에 답하는 지혜로운 대화기술

   e. 난처하고 난해한 질문을 지혜롭게 넘기는 대화기술

 (6) 부담스러운 칭찬, 그러면 격려를 __126

   a. 칭찬과 그 한계, 모든 사람이 칭찬할 것이라 기대하지 마세요

   b. 넘치는 칭찬에 의한 피해

   c. 칭찬이 주는 부정적 영향

   d. 칭찬 받을 자격자는 누구인가?

   e. 격려(Encouragement)를 더 많이

   f. 격려는 낙심(Discouragement) 실족에 영양제이고 치료제다

   g. 실패를 도전으로

   h. 격려성 칭찬

   i. 격려 대화기술의 증례, 연습

   j. 구체적인 격려 대화기술 훈련

넷째 장
7번째 대화기술, 분노조절과 표현기술

 1. 분노를 이해하자 __144
 2. 분노가 일어나는 원인 __147

3. 분노의 내적 외적 변화 __ 148
4. 자신의 분노는 본인이 풀어야 할 숙제다 __ 151
5. 상대가 화를 낼 때 나의 감정 조절과 표현 __ 153
6. 상대가 분노(심정)했을 때, 해결하는 대화기술 __ 155
7. 분노조절과 분노표현 대화기술 __ 156
8. 분노와 다른 부정적 감정의 혼합 __ 159

다섯째 장
대화의 문화장벽이란 무엇인가?

1. 권위적 대화 __ 163
2. 자기애적(내가 의롭다) 의식과 대화 __ 165
3. 남을 존중할 줄 모르는 대화문화 __ 167
4. 용납하지 못하는 대화 __ 168
5. 삐지고 등돌리는 문화 __ 169
6. 서투른 감정표현은 상처를 남긴다 __ 170
7. '너 때문에' 대화, 내로남불 문화 __ 171
8. 문제인식의 부재, 책임지지 못하는 문화 __ 172
9. 상대적 박탈감에 우는 배 아픈 문화 __ 174
10. 체면, 창피문화 그리고 수치와 죄의식 __ 175
11. 침묵은 금, 인내하는 문화 __ 176
12. 고정관념에 집착 __ 177
13. 빨리빨리 문화 __ 178
14. 말, 악플, 무례한 농담 __ 179
15. 존칭에 의한 정체성, 학연, 학벌(점수) 위주 문화 __ 180

16. '미안해' 누구를 위한 말인가? __182

여섯째 장
아름다운 대화로 새로운 대화문화를

1. 늘그막에 배운 뜻밖의 지혜 __186
2. 배움이 살길이다 __189
3. 의료인과 대화기술 __191
4. 나와 다른데 어떻게 인정하나요? 어떻게 존중할 수 있나요? __193
5. 실패가 기회다 __196
6. Beautiful Communication SKILL 대화기술 연습 __199
7. 대화 스타일을 점검하기, 당신은 어떻게 대화하고 있습니까? __200
8. 격려 대화기술의 훈련 __201
9. 감정표(hand out) 참조 __205
10. 인간관계 갈등 해소를 위한 대화법 가이드 __215
11. 부정적인 신념(마음)을 긍정적인 신념(마음)으로 __217
12. 사고(Thought) - 부정적 생각을 긍정적으로 __221
13. 인간은 말이 통해야 행복합니다 __228
14. 어떻게 도울 수 있을까요? 문제 예문 __229
15. 가정과 직장에서 유용하게 쓰이는 대화기술 __230
    소아과 전문의 이정옥 박사 인터뷰

도움 받은 도서 목록 __232
후기 | COVID19 Pandemic 스트레스 그리고 감사 __238

저자 약력

여명미 Myung Mi Ryu
경기여자고등학교 이화여자대학교 의과대학 졸업
서울대학병원 인턴
1968년 도미 후 가정주치의, 임상병리학 전문의 취득
미국 캘리포니아 푸른 초장의 집 공동설립, 이사장
미주복음방송, 라디오 서울 방송
미국 ABC상담 대화교육원 설립, 대표
아름다운 대화기술, 부모 부부교육, 상처치유 강사
저서 『이런 대화가 삶을 바꾼다』 공저
남가주 오렌지 카운티 거주

여천기 Chun Kee Ryu
경북 김천 출생 서울대학교 의과대학 졸업
서울의대 인턴 내과, 도미 후 시카고 ISPI 정신과 수련
로스 앤젤레스 VA 정신병원, 정신과 전문의 취득
캘리포니아 오렌지 카운티에서 정신과 개업
UCLA UC Irvine 임상교직
저서 『이런 대화가 삶을 바꾼다』 공저
2009- A Beautiful Communication 이사장
정신질환 정신건강과 뇌 강연
1973- 남가주 오렌지 카운티 거주

서유진 Yoojin Seo
이화여자 고등학교 졸업
대전침례신학대학 기독교교육과 졸업
구로제일침례교회 교육전도사
성일감리교회 교육전도사
얼바인침례교회 새가족 영접부 전도사
현 멤피스한인침례교회 사모, 다섯 자녀와 멤피스 테네시에 거주
현 ABC상담대화교육원 디렉터
아름다운 대화기술 강사

저자 서문

여명미
행복을 안겨준 아름다운 대화기술

여천기
NEVER TOO LATE

서유진
예수님의 아름다운 대화기술은
상처를 치유하는 보물이다

행복을 안겨준 아름다운 대화기술

여명미

아이 셋을 키우며 30년 이상 의사생활을 한 지금 나는 지난날의 손익을 계산해 보았다. 내가 투자한 것 중에서 이익을 가장 많이 낸 투자는 가족을 위해 쏟아 부은 시간이다. 가족을 고치려 동분서주했던 시간, 나를 돌아보는 시간, 그리고 새로운 대화로 관계를 회복하려고 애쓴 시간이었다. 투자할수록 이익이 확실하고 부자가 되는 대화의 체험을 독자와 나누려는 것이다.

우리의 불화는 귀를 막은 남편과 반항하는 막내아들이 아내와 엄마의 말을 무시하면서 시작됐다. 두 사람만 변하면 행복한 가정이 보장될 것 같았다. 내 삶의 목표는 그들이 내 말을 확실하게 따르게 하는 것이었다. 난 두 사람의 잘 잘못을 알려주려고 혼신의 노력을 다했다. 열정을 쏟을수록 그들은 대화를 피했고 갈등과 불화는 더해갔다. 불안과 절망 속에서 방황할 때 김동명 목사님과 안이숙 사모님을 만나 말씀을 접하며 두 분처럼 나도 예수님 닮은 행복한 크리스천이 되겠다고 다짐했다.

'남의 티눈을 보기 전에 너의 눈에 있는 들보를 보라'는 말씀에, 남편과 아들 두 사람을 향했던 나의 손가락이 내 눈의 들보를 향했다. 말씀 공부와 부부. 부모 교육, 뇌 정신건강 교육 그리고 대화기술교육의 기회가 온 것은 분명히 기도의 응답이었다.

엄마는 자녀에게 무엇이든 가르치고 자녀는 무조건 따라야 한다는 철칙을 굳게 믿었던 엄마였다. 자녀교육에 최선을 다했고 확신에 찬 태도로 충실하게 다그쳤다. 그런 나는 인격적 관계가 무엇인지 어떻게 하는 것인지 왜 필요한지 몰랐으며 들어 본 기억조차 없었다. 아들의 마음이 몹시 상해 있었고 그가 대화단절을 선택할 수밖에 없었다는 것을 이해한 것은 축복이었다. 여러 해 대화기술교육을 받고 남을 가르친다고 부지런을 한참 떨고 난 뒤였지만. 부부 사이의 갈라진 의견을 인내하며 맞추려는 의욕과 기술이 없던 우리에게 불화의 그림자는 항상 따라다니고 일단 머리를 내민 불화는 급속하게 번졌다. 남편뿐만 아니라 나 자신도 '대화'라는 것과 '기술'의 존재를 몰랐다. 인간관계와 대화기술의 무지로 인해 우리가 불행의 긴 터널 속에서 헤메고 있었다는 것을 받아들이는 순간이 왔다. 그토록 어렵게 그리고 절망적으로 보였던 우리 앞에 길이 보였다. 부부와 자녀부모 사이의 대화기술이었다. 시간이 걸리고 힘들었지만 노력한 만큼 우리 가정은 평온해지기 시작했고 행복이 주는 만족을 누릴 수 있었다. 진작 알았더라면 환자나 보호자들과 좀 더 시간을 보내고 친절하게 할 걸, 애들의 고민이나 미래에 대한 얘기를 많이 듣고 나눌 걸… 아쉬움이 늘 머릿속에 자리하고 있다. 지금까지 우리가 대화기술을 몰랐다면 우리 가정은 어떤 모습을 하고 있을까?

크리스천으로서 마음과 열의는 가득하나 좋은 인간관계를 유지하지 못하는 점에서 나와 비슷한 사람들을 만난다. 전에는 내 생각과 말이 옳아서 마음대로 지껄여도 떳떳했다. 예수님을 만난 후 하나님 말씀대로 살려고 노력하지만 말처럼 잘 되지 않았다. 쉽게 실족하고 실망하는 나에게 다시 기회를 주시는 그분의 손을 잡으니 또 길이 보였다. 그 길은 성경말씀에 의지하여 예수님처럼 말하고 행동하는 것이었다. '이웃을 내 몸과 같이 사랑하라' 하신 예수님식 대화로 관계를 가지는 방법이 아름다운 대화기술인 것이다. 나만 알고 있기에는 너무 아까운 예수님식 대화기술, 이론으로는 쉬운 듯해도 실천은 의외로 어렵다. 칠전팔기 학습을 거듭하며 기쁨과 행복을 맛보는 여러분들을 주위에서 보아왔다. 우리의 가정에 평안과 행복을 안겨 준 것처럼 독자 분들에게 유용한 책이 되기를 바란다.

NEVER TOO LATE

여천기

저자 여천기는 지난 50년 가까이 자신의 책임하에 가능한 한 정성을 다해 한 일은 두 가지라 하겠다. 하나는 직업인으로서 정신과 의사이고 다른 하나는 아내와 세 아이들의 가장 역할이었다. 두 가지 일에 내가 해야 하는 것의 90%는 귀를 세우고 상대방의 이야기를 경청하는 일이고, 나머지 10%는 나의 의견개진을 포함한 행동인데, 지금까지 나는 그것을 못해도 한참 못했다.

그 반대로 나의 이야기를 하는데 90%의 정력을 쏟았다. 그 만큼 가족의 이야기를 듣지 못했다는 이야기다. 깨달으면 깨달을수록 가족에 대한 미안함이 그리고 자신에 대해서는 자괴감이 크다.

나의 큰 아픔은 다시 말하면 그동안 얼마나 보석같이 아름답고 귀한 것을 못 듣고, 못 보고, 지나치고 잃어버렸나 하는 애석함이다. 이 글을 읽는 여러분이 나의 밟은 길에서 벗어나서 대화기술과 그 배경이 되는 마음씨를 생각하고, 공부하고, 실천하기를 진심으로 권한다. 뒤에 쓴 이방 여인의 경우처럼 가뭄 뒤에 오는 소나기가 여러분의 인생에 때맞은 놀라운 선물이 될 것이다.

올바른 대화기술이 인생문제 해결의 첫 번째 열쇠라는 것을 알게 됨과 동시에 진작 배우고 알았다면 하는 아쉬움과 자책은 지금도 많다. 우리가 만난 한국과 미국에서 최고의 교육을 받은 사람들 중에도 인간관계 대화교육은 받은 적이 없다고 아쉬워하는 분들을 많이 보았다. 요즘은 대화기술이 삶에 필요한 기술, 능력이라는 것을 배우거나 경험한 지식인들이 늘어가고 있는 것도 우리는 안다. 이들에게는 우리처럼 인생에서 소중한 많은 것들을 잃어버린 후에야 얻은 귀한 깨달음이라고 그들은 말한다.

그럭저럭 20여 년을 대화기술을 배우고 가르치지만 여전히 힘들 때가 많다. 이런 교육은 한번 했다고 완전히 자신의 것으로 습득하는 사람은 거의 만나지 못했다. 우리처럼 지속적으로 재탕을 하는 재수생이 되기 쉽다는 말이다. 재수는 할수록 재미가 있고 희망을 주는 것도 경험했다. 오래 마음 의식 속에 고이 간직한 생각 관념과 언어 행동을 바꾸는 것이 힘들지만 실패를 통해 배웠다. '실패는 성공의 어머니'란 격언이 헛되지 않아 그 길을 보고 전진할 용기를 얻었다.

하는 일의 특성상 오래 동안 우리는 여러분들을 만났다. 지금은 대화기술 강사와 뇌건강 교육 훈련을 하는 연유로 많은 사람들과 관계를 맺고 있다. 이 글을 다듬고 있는 지금은 COVID19로 인해 영상을 이용해서 교육을 하고 있다. 영상의 도움으로 방방곳곳에서 사역하시거나 관심을 가지신 분들을 만난다. 여러 분들과 만나면 만날수록, 현재의 상황은 어느 때보다 절실하게 서로 아끼고 사랑을 나눌 시기라는 것을 절감한다. 부모와 자녀, 부부, 가족들이, 환자와 보호자가, 보스와 직장인이, 의료인이 정치인들이 필요로 하는 것이 인간애와 그것을 적절히 효과적으로 표현하는 방법이다. 하나님의 사랑을 원하는 인간의 마음은 긴 세월과 급격한 세상의 변화에 무관하게 더욱 간절하기 때문이다.

예수님의 아름다운 대화기술은
상처를 치유하는 보물이다

서유진

현재 전도사로서, 사모로서, 그리고 다섯 아이의 엄마로서 30

년 동안 사역을 하고 있다. 돌아보니, 믿음의 엄마로서 하나님의 말씀대로 자녀양육을 잘 하려고 하였지만, 엄마의 최선이 아이들의 마음을 아프게 한 줄 몰랐다. 내 자녀들을 하나님이 주신 나의 소유물처럼 여기고 소중한 인격체를 가진 하나님의 자녀로 대하지 못하였다. 나는 자녀들과 인격적 관계를 갖기에 앞서 일방적인 잔소리와 충고를 하는 엄마였다. 나의 기준에만 맞추려고 하다 보니 아이들의 마음을 헤아리지 못했던 것이다.

어릴 때 모범생이던 큰딸은 사춘기에 접어들면서 반항하고 말대답을 하기도 했다. 나는 딸에게 목회자 자녀로서 본이 되어야 한다고 강요했는데, 딸은 엄마에게 보라는 듯이 청개구리처럼 행동을 하였다. 그래서 내 질문에 딸은 거의 'No'로 대답했다. 그렇게 큰딸과 소통이 안 되고 힘들어 하고 있었을 때 '대화기술과 Parenting' 클래스가 있다는 것을 알게 되었다.

말을 잘 듣지 않고 반항하는 딸을 변화시킬 수 있는 방법을 찾고자 'Parenting Class'에 들어갔다. 아름다운 대화기술을 배우면서 나의 대화 습관에 문제가 있다는 것을 알게 되었다. "딸이 문제야" "딸이 변해야 해" "어떻게 하면, 자녀들을 내 뜻대로 교육시킬까" 하면서, 모든 잘못이 자녀에게만 있다고 생각한 것이 근본적인 문제였다. 딸이 변하기 전에 내가 먼저 변해야 한다는 원칙을 이제야 깨달은 것이다.

고린도후서 5장 17절에 '그런즉 누구든지 그리스도 안에 있으면 새로운 피조물이라 이전 것은 지나갔으니 보라 새것이 되었도다' 말씀처럼, 우리가 예수님을 만나고 새사람이 되듯이 나의 잘못된 대화습관은 아름다운 대화기술을 배우며 새롭게 변화되기 시작했다. 나는 딸의 말에 귀를 기울이고 충분한 공감을 하니 딸도 마음을 열고 뜻 깊은 대화를 나눌 수 있었다. 우리 사이는 모든 일을 함께 나누는 관계로 회복되었다. 아름다운 대화기술은 우리의 상처를 치유하는데 도구가 되었고, 성령님은 상처받은 우리의 내면을 하나님의 형상으로 회복되게 하셨다.

더 나아가 '아름다운 대화기술'로 다른 자녀들과 가족들에게 다가갔을 때 가족들의 반응은 예전과는 다르게 표정이나 말투나 행동 등에서 기쁨과 즐거움을 찾게 되었다. 또한 교회 사역에서도 대화기술에서 배운 공감대화기술로 성도들의 이야기를 들어주니 상처와 아픔을 함께 공감하며 기도할 수 있었다. 그리고 I-Message 와 격려기술을 적용하면서 많은 성도들에게 격려와 용기를 주고 희망을 갖게 하는 사모가 되어가고 있다.

우리는 성경말씀을 아는 것과 삶에 실천하는 것은 상당히 차이가 있다는 것을 잘 안다. 대화기술도 마찬가지다. 머리로 아는 대화의 지식을 삶에 적용하는 것은 쉽지 않았다. 학습과 반복을 통해서, 대화법을 지속적으로 배우고, 지금은 대화강사 훈련을 받고, 대화강사로 활동하고 있다. 수강생들에게 대화기술을 가르치면서 그들이 하나님을 기쁘시게 하는 도구로 변해가는 모습을 많이 경험하고 있다. 나 자신도 하나님께서 주신 아름다운 대화(말)로 가정이나 교회나 직장이나 사회에서 관계가 회복되어 하나님을 기쁘게 해 드릴 수 있는 삶을 살아갈 수 있다는 확신을 갖게 되었다.

아름다운 대화기술이 나에게 격려와 희망을 주었던 것처럼 가족, 이웃, 그리고 많은 상처를 가지고 있는 전 세계 사람들에게 알려져서 모두가 행복한 세상을 함께 이루어 가기를 소원하며 기도한다.

감사한 하나님 그리고 친구들

여명미

이 책이 나오기까지 감사한 분들이 참으로 많다. 방방곳곳에 살고 있는 여러분들의 실수와 그에 따른 아픔의 모임이 우리 노력과 함께 싹이며 동력이 되었다. 비슷한 아픔을 가진 부모님들을 비롯한 여러분과의 만남은 소중한 자산이 되었다. 그 격려와 사랑이 넘치는 만남이 없었으면 이 책 출간에 대한 용기는 내지 못했을 것이다.

먼저 저희 가정에 복이 되게 허락하신 하나님께 감사와 영광을 드린다. 우리는 부부 부모 교육 강사로, 정신건강과 질환에 대한 교육과 세미나, 대화강사로 정말 여러 귀중한 분을 만나는 축복을 받았다. 우리는 정말 빚진 자다. 책을 쓸 수 있다는 용기를 주시고 격려를 아끼지 않으신 이건숙 소설가님, 신성종 목사님께 말로 다 할 수 없는 감사를 드린다. 두 분의 배려와 사랑이 책자가 나올 수 있는 원동력이 되었다. 1993년, 푸른 초장의 집을 시점으로 가정, 부모자녀의 문제를 함께 고민하고 도와준 많은 분들께 감사한다. 1995년부터 동생 고명희는 푸른 초장의 집, 가정개혁연구소 그리고 ABC 상담 대화교육원의 원장으로 부부, 대화교육을 배우고 가르치는 일을 했다. 끊임 없이 용기를 북돋아 주었으니 감사하기 그지없다. 그리고 '이런 대화가 삶을 바꾼다'를 공저했다. 바쁜 일정에 영어 수정을 도와 준 Ann(딸)에게 감사한다. 박금옥 강사님, 김미경 강사님, 박희원 강사님, 권쉘비 강사님 등과 영어 대화기술 강사로 수고하는 정승미 강사님, 서 에스더와 서 글로리아 강사님께 감사한다. 또한 수년간 글을 쓰게 가르쳐 주신 정찬열 선생님과 이윤홍 선생님께 감사한다.

특별히 ABC에서 하는 정신건강-정신질환 강의와 대화기술교육을 마친 분들의 변화와 성장이 이 책을 쓰게 하는 직접적인 동기가 되었다. 이 분들은 20년이 넘도록 함께 하고 있는 식구 같은 친구들이다. 우리도 2020년, 코비드19 팬데믹이라는 예기하지 못했던 힘든 현실에 직면했다. 같이 모일 수 없어서 영상을 이용한 줌 교육은 넘치는 열정을 가지고 배우는 여러분의 모습이 한층 돋보였다. 이러한 분들의 고민과 고통이 삶의 지혜를 더하고 행복을 체험하는 기회라는 것을 재삼 경험했다. 참여한 여러 분들이 대화기술교육을 통해 나누며 치유되고 성숙해 간다고 고마워하는 것을 보며 더 없는 보람을 느꼈다. 일일이 성함을 열거하지 못하지만, 2020년 줌 영상 교육을 가능하게 물심양면으로 도와주신 기관들과 한분 한분께 무한한 감사를 드린다. 망설이던 남편(여천기)이 공동 저자로 승낙하고 작업을 하니 천군만마를 얻은 기분이었다. 공동 저자로 합류하여 수고를 아끼지 않는 서유진 ABC 디렉터께 감사한다. 출판을 맡아 주신 『크리스천문학나무』 수고에 감사하고 특별히 황충상 교수님께 진심을 다해 감사한다.

우리는 대화기술 없이는 어떤 인간관계 문제나 고통을 해소할 수 없다는 것을 알았다. 배운 후에도 대화다운 말을 하기 까지 긴 시간을 보내야 했다. 그러는 동안, 고통을 참고 견디는 것의 의미를 모른 체 세월이 여러 해 흘렀다. 고통의 시간이 없었다면 오래 참는, 인내가 사랑이라는 말씀이 지식으로만 내 머리 속에 남았을 것이다.

아름다운 대화기술이 책으로 엮어지기까지 참고 기다려 준 자녀들로부터 사랑의 실천을 배웠다. 사랑하는 큰 딸 안주(Ann), 둘째 딸 옥주(Monica), 셋째 아들 두종(David) 그리고 여섯 손주들에게 고마움을 전한다.

끝으로 '고통이 나에게 유익하다'라는 깨달음을 주신 하나님, 내 안에 사랑을 실천하는 인내를 부어 주신 하나님께 마음을 다해 감사드린다.

| 서론 |

대화기술이 무엇이길래?

"행복한 가정들은 모두 비슷하다. 그러나 불행한 가정마다 각각 다른 이유 때문에 불행하다."

톨스토이의 명작 소설 『안나 카레니나』의 첫머리에 나오는 행복과 불행한 가정에 대한 말이다. 행복한 가정을 만드는 한 가지 요건이 있다면 그것은 효과적인 대화기술이라고 우리는 믿어 의심치 않는다. 대화에는 의사소통의 효율을 극대화하기 위해 요구되는 기술(Skill)이 있다. 내가 상대에게 주고 싶은 것을 정확히 전달하기 위해, 저쪽이 이쪽에 주려는 것을 정확히 받기 위해, 즉 대화의 통로를 막히지 않기 위해 필요한 기술이다. 이런 대화기술을 효과적으로 사용하는 사람은 이웃에게 영양소와 자양분을 공급한다. 그들은 행복을 나누고 희망을 줄 수 있는 사람이다. 이 기술은 돈과 시간이 많이 들지 않으면서 인생을 바꿀 수 있는 대단한 효과가 있다. 잘 배우고 실천하면 우선 개인의 인격

성장에 도움이 되고 이어 인간관계가 놀랍게 개선된다.

이런 아름다운 대화기술을 여기 소개하려 한다.

대화는 마음에서 비롯한다. 마음은 우리의 말과 행동의 질과 방향을 정하는 기본이 된다. 남을 존중하고 아끼는 사랑의 마음이 옥토 마음(healthy and wholesome soil/mind)이다. 옥토 마음을 말과 행동으로 충분히 표현하는 방법은 그 양상이 다양할 수 있고 또 하나같이 힘들다. 우리의 말과 행동은(대화기술을 포함하여) 우리의 타고난 자질 위에 부모, 가족이나 이웃의 도움과 영향으로 서서히 형성 개발된다. 이때 우리의 본능인 자신을 보호하고 미화하려는 노력이 의사소통을 지배하게 되어 서로 상처를 주고 받는 결과를 가져온다. 우리가 의식적으로 진정으로 아끼고 사랑하려는 상대에게도 아픔을 주고 불화를 남기는 것이 보통의 인간관계이다. 이것을 고치기 위해 나온 것이 대화기술이다.

첫째, 인간은 표정, 몸짓, 목소리 등 행동을 바꾸면 생각이 거기에 따르고 그의 감정이 달라진다. 감정과 생각(마음)이 달라지면 거기에 다른 행동이 따라간다. 이렇게 마음 생각과 언행은 서로 연결되어 인간의 삶을 좌우한다.

경청은 남의 말을 끝까지 주의를 기울이고 듣는 것이다. 자신의 울타리를 벗어나서 남과 이웃이 나의 중심에 있어야만 가능한 것이다. 내가 경청하지 않는다면 말하는 상대는 거기에 존재하지 않는 것과 다를 바 없고 내가 아예 없는 편보다 더 나쁘다. 나와 생각이나 식견이 다르다는 이유로 무시하거나 부정하거나 판단 비판하지 않고 정성을 다해 듣는 것이 경청이다.

공감기술은 인간의 사회생활의 여러 분야에서 가장 중요한 덕목이다. 우리가 사랑하고 또 사랑해야 할 사람은 참 많다. 사랑을 표시하는 방법도 여러 가지가 있다. 무슨 말을 하느냐보다 그 말을 상대에게 어떠한 마음으로 어떻게 전하느냐가 관건이 된다. 이러한 목적을 위해 꼭 빠질 수 없는 것이 공감을 동반한 올바른 대화이다. 참된 사랑에 여러 가지 조건을 붙일 수 없는 것처럼 공감에도 이런저런 조건을 붙일 수 없다. 정치적, 경제적, 사회적 성공뿐 아니라 교회나 군대의 지휘관 그리고 국가 사회의 지도자의 자질에도 이 기술이 필수적이다.

이런 '실용적인' 필요를 넘어 인간과 인간 사이에 필요한 사랑과 돌봄의 기초로서 공감기술의 효력을 넘어설 것이 없다. 이들이 내가 돌보아야 할 자녀나 가족이면 더 말할 것도 없다. 기독교에서 시간과 공간, 종파를 떠나 하나님과 이웃에게 겸손할 것을 가르친다. 이웃을 일으켜 세우는 진정한 겸손함의 표현은 공감적 대화기술이라 믿는다.

우리가 평화의 도구로서 유용한 인간이 되려면, 이웃과 사랑을 나누는 아름다운 대화로 존중과 신뢰의 대인관계를 유지할 때 가능하다. 상대의 말을 듣고 그의 존재, 생각, 감정, 희망, 아픔, 기쁨, 그의 전체를 그의 것으로 인정하고 존중한다는 표시를 말, 표정 혹은 몸짓을 동반해서 하는 것이 공감이다. 공감 표시는 그의 생각, 감정이 나의 것과 일치하는 것을 의미하지 않으며 내가 또는 그가 더 옳다는 함의도 없다. 이것은 내가 그를 이해하려 하고 그에게서도 같은 노력을 기대한다는 것이다. 의미있는 대화는 옥토의 마음 위에 경청과 공감이 있을 때 이루어진다.

　상대에게 나의 생각과 하고 싶은 말을 효과적으로 하는 기술이 '나 전달법'(I Message)이다. 말 한마디에 천량 빚도 갚는다는 말처럼 어떠한 상황에서도 자신이 해야 하고 하고 싶은 말을 적절하게 유효하게 할 수 있는 기술이다. 거절하는 말, 화났을 때의 말, 필요한 충고의 말들을 할 때, 상대의 심기를 가능하면 건드리지 않고 귀를 막지 않는 상태에서 나의 말을 듣게 하는 기술이다. '나 전달법'에는 초점이 나의 주위에서 일어나는 상황에 대한 나 자신의 생각이나 감정의 표시이다. 상대(의 존재)를 일단 마음속에서 배제하고, 나의 마음 특히 느낌을 진솔하게 표현하라는 주문이다. '쿨'한 감정표현에 익숙하지 않는 우리에게 쉽지 않는 일이다. 이때 특별히 주의해야 할 점은, 상대의 인격이나 언행에 대한 나의 호, 불호가 관심의 초점 되어서는 안 된다. 무시하는 말, 탓하는 말, 비판하는 말과 상대의 인격을 끌어내리고 거부하는 말은 그의 귀를 닫게 하고 방어 태세나 공격자세를 갖게 한다. 이것은 초점이 자신에 있지 않고 상대에 있는 것이고, 상대를 탓하는 '너 대화법'(You Message)이다. 세상에 살아가는 우리 모두 자신의 언행에 책임을 지고 살고 살아야 한다. '나 전달법'은 이와 같은 책임을 완수하려는 것이다. 우리가 책임질 수도 그리고 책임져도 안 될, 남의 책임을 떠안고 가는 것이 '너 대화법'이다. 이렇게 생각하면, 이런 '너 대화법'이 효과가 없는 것이 이해가 된다. 이럴 경우 나와 남 둘 중에 누가 더 옳고 그른 것을 따지거나 나와 이웃의 책임의 경중을 생각하는 것도 부질없다. 더구나 그 상대가 자신이 많이 교류하는 사람일 때도 그렇지만 가족 특히 배우자나 자녀의 경우처럼 가까운 사이에서 '너의 문제'라고 할 때는 특별한 각오가 필요하다. 거기에는 나의 책임 부분이 너무 크기 때문이다. 올바른 나 전달법은 평소의 말하는 습관과는 너무 다르기 때문에, '나 전달법'을 바르게 사용하려면 상당한 훈련이 필요하다.

스스로에게 또 상대에게 질문을 하는 것은 모두에게 유익하다. Why를 따지기보다 What, How, Where, Who, When 등을 진심으로 궁금한 마음으로 물을 때 상대가 편안하게 대답할 수 있다. Why의 질문은 상대의 말문을 닫아버리든지 진실과 한참 떨어진 대답을 유도할 우려가 크다. 유용한 질문으로 이어지는 대화는 서로의 갈등을 풀고 타협이 가능하며 해결의 지혜를 얻게 한다. 서로 여유를 가지게 해서 자신의 화난 조급한 마음을 다스리고 창의력을 캐내는데 도움이 된다.

적절하고 인색하지 않는 격려는 우리가 어려움에 부딪힐 때, 지치고 좌절할 때, 피로할 때 생수와 같은 역할을 한다. 칭찬의 한계를 공부하고 더 폭넓은 격려기술이 인생에 주는 희망을 습득 훈련하게 한다.

분노조절과 표현을 적절히 하기 위해서는, 대화의 모든 기술이 총동원 되어야 한다. 올바른 분노표현은 우선 기본적인 대화기술을 충분히 숙지한 뒤에야 가능하다. 이처럼 분노표현에는 기술이 필요하다. 위의 대화기술을 잘 아는 사람이라도 분을 참지 못하고 내키는 대로 말하고 행동하면 공들인 수고가 무너진다. 자기를 잘 표현하고 상대의 말에 귀를 기울이고 공감할 수 있는 사람은 화목케 하는 사람으로 평화의 도구로 쓰임 받는다. 열거한 여러 기술은 홀로 기능을 발휘할 수 없다. 마치 종합예술같이 협력해야, 비로소 그 진가가 나타나고 의사소통의 목적이 달성된다.

아름다운 대화기술은 위에서 요약한 7가지의 기본 대화기술을 축으로 해서 엮었다. 이 기본 기술을 제대로 활용할 수 있어야 다음 단계의 대화가 수월하다. 분노를 조절하고 표현하는 기술, 타협하고 협상하는 기술, 다같이 이길 수 있게 싸우는 기술, 갈등해소를 하는 기술, 창의적으로 문제를 해결하는 기술 등, 복잡한 상황에서 필요한 고급대화기술로 발전시킬 수 있다.

튼튼한 인간관계는 서로 존중하고, 사랑하고, 신뢰하며 격려하는 대화기술의 원칙이 버팀목이다. 아름다운 대화기술이 사랑을 전달하는 목적을 이루려면, 원칙을 이해하고 준수해야 한다. 새로운 대화의 기본 원칙인 존중과 사랑, 공감 등은 우리에게 익숙지 않은 개념이다. 원칙을 명확하게 이해하기 위해 대화기술과 연관된 말씀, 인간, 인간관계와 뇌건강 등의 기본 말씀, 지식과 의학적 개념을 쉽게 설명했다. 왜 대화기술을 배우는 것이 유익한가를 충분히 이해하면 배우고 적용하는 것에 대한 저항이 줄며 모든 것이 쉬워진다.

사랑은 마음에서 시작하여 말과 행동으로 이어지는 능동적인 능력이다. 사랑을 전하는 대화기술은 인간 능력의 중심(Soft Life Skill)이고 인간관계를 행복하게 하는 최선의 길이다. 행복을 보장받는 대화실력은 단시간 내에 익혀지지 않는다. 사랑을 주고받는 말이 일상으로 알던 것과는 내용이나 말투가 상이해서 남의 옷 입은 것처럼 거북하다. 거부감까지 드는 기술을 실천하다 보니, 옛 습관이 쉽게 나와 실망을 거듭하게 한다. 이러한 관문을 통과하면 내가 건강하게 성장하고, 가정이 살아나는 것을 체험한다. 새로운 대화가 내 것이 되는 것은 지속적인 훈련과 격려로, 때로는 고통을 통해서 칠전팔기를 거듭하며, 수년의 세월이 걸릴 수도 있다. 남을 변화시키려 노력하는 열정과 고충을 자신의 변화와 성장에 쏟는 사람은 복받은 사람이다.

  예수님 마음으로 사랑을 말하고 행동하는 데 반드시 알아야 하는 대화기술을, 아름다운 대화기술이라 이름했다.

첫째 장

예수님식 대화방법
아름다운 대화기술

첫째 장
예수님식 대화방법, 아름다운 대화기술

1. 예수님이 사랑하신 것 같이

'예수님이 우리를 사랑하신 것 같이 우리도 그렇게 서로 사랑하라, 그래야 예수님의 제자가 된다' (요 13: 34-35)

인간에 대한 예수님의 사랑은 조건을 따지지 않는 무조건적인 사랑이다. 사랑하는 데에는 별다른 조건을 따지지 않으셨으나 제자가 되기 위해서는 서로 사랑해야 한다는 조건을 붙이셨다. 고린도전서 13장에서 말씀하신 대로 사랑을 하라고 당부하셨다. 불완전한 인간은 이런 사랑을 실천하기에 부족함을 아시고 롤모델로 예수님의 삶을 보여주시고 실천할 가이드까지 주셨다. 힘들 때 기도라는 무기도 주셨고, 성령의 도움으로 불가능이 가능케 되는 기적을 체험하게 하셨다.

존중하고 사랑 받을 만한 조건을 가진 사람을 존중하고 사랑하는 것은 누구나 할 수 있다. 나를 좋아하고 친절하게 하는 사람을 사랑하고 뚜렷하게 존중할 만한 공로자를 존중하는 것은 쉬운 일이다. 우리는 어르신, 유명 인사, 권위자, 공로자, 부자, 예뻐서, 월등해서 등 자격을 가진 자를 존중한다. 예수님은 세상의 눈으로는 자격 미달일지라도, 싫고 미운 사람이라도 존중하고 사랑해야 제자가 된다고 하셨다.

사랑 실천의 첫 단계가 옥토마음 갖추기이고, 아름다운 대화기술을 이용하여 사랑을 실천하는 것이 다음 단계다. 말씀공부와 묵상, 성령 안에서 교제, 하나님 사역의 동참, 그리고 아름다운 대화기술의 적용 실천은 크리스천의 실력을 쌓는 작업이다.

2. 마르다와 대화하시는 예수님

성경에 예수님의 대화 장면이 여럿 있다. 우리가 쉽게 본 받을 수 있는 예문이 마르다와 대화하시는 예수님의 대화다.

눅 10:38- 저희가 갈 때에 예수께서 한 촌에 들어가시매 마르다라 이름 하는 여자가 자기 집으로 영접하더라.

39- 그에게 마리아라하는 동생이 있어 주의 발아래 앉아 주의 말씀을 듣더니

She had a sister called Mary who sat at the Lord's feet listening to what he said,

40- 마르다는 준비하는 일이 많아 마음이 분주한지라 예수께 나아가 가로되,

"주여 내 동생이 나 혼자 일하게 두는 것을 생각지 아니 하

나이까? 저를 명하사 나를 도와주라 하소서"

But Martha was distracted by all the preparations that had to be made. She came to him and asked. "Lord, don't you care that my sister left me to do the work by myself? Tell her to help me!"

41- 주께서 대답하여 가로되

"마르다야, 마르다야 네가 많은 일로 염려하고 근심하나"

"Martha, Martha, the Lord answered.
You are worried and upset about many things."

42- "그러나 몇 가지만 하든지 혹은 한 가지 만으로라도 족하니라, 마리아는 더 좋은 편을 택하였으니 빼앗기지 아니하리라."

"But few things are needed or indeed only one.
Mary has chosen what is better and it will not be taken away from her."

언니 마르다와 동생 마리아가 예수님을 자기 집에 초청하면서 일어나는 이야기로 우리에게 친숙하다. 언니는 음식준비에 무척 바쁘고 걱정이 태산이다. 동생은 예수님 옆에서 편안하게 예수님의 이야기만 듣고 있다. 마르다는 이런 마리아에 대해 예수님께 불평불만을 하고 청탁까지 한다. 이에 대한 예수님의 반응과 대화를 보자. 예수님은 마르다의 말을 경청하시고 '마르다야! 마르다야!' 하고 두 번 부르신 후에,

"네가 여러 가지 일로 걱정되고 화가 나는구나"고 그녀의 상황

과 심정에 공감하신다.

"한두 가지만 해도 족하다. 마리아는 더 좋은 것을 선택했으니 그냥 놔 두거라."고 예수님의 마음을 말씀하셨다.

예수님이 원하셨던 것은 마르다가 마리아처럼 말씀을 사모하는 것이다. 이 교훈을 이루기 위해 먼저 마르다의 심정에 맞추어 '공감대화'를 하셨다. 그런 후에 마르다의 인격에 상처를 주지 않으며 '내 맘 전달법'으로 예수님의 원하는 바를 알리셨다. 이렇게 예수님이 하시던 대로 본 받아 대화하는 것이 여기서 소개하는 아름다운 대화다.

3. 누구나 배울 수 있는 예수님식 대화기술

'사람이 사람이면 다 사람인가, 사람이 사람다워야 사람이지' 스승 고 최기홍 교수의 마지막 강의였다. 사람다운 사람에 대해 고민을 하다가 뒤늦게 얻은 해답은 예수님처럼 사는 것이었다. 어떻게 사는 것이 예수님처럼 사는 것인가? 목회자이고 저자인 신성종 교수의 『영성신학』(크리스천서적, 2015년 8월 20일)에서 영성이란 예수님을 닮아가는 것이라 정의했다. 예수님은 하나님과 인간, 관계, 특별히 사랑의 관계에 관심을 두었다. 예수님이 행하신 사랑을 주고받는 방법, 마음, 말, 행동을 본받는 것이 우리가 해야 할 몫이다. 그 방법의 첫 관문이 예수님식 대화기술이라는 것을 알고 행하는 사람은 많이 만나지 못했다.

남녀노소를 향한 이 책이 우리가 예수님을 닮아 가는데 도움이 되기를 기대한다. 말씀과 지식이 머리와 가슴에 와 있지만 예수님 마음으로 말하고 행동하기가 수월치 않다. 말씀이 삶에서 제대로 보여지지 않기 때문에, 크리스쳔에 대한 오해가 더해가는 현실을 부인하지 못한다. 이런 현실에 대비하여 많은 이론과 책이 소개되었으나 해결의 기미는 희미하다. 해결책은 단 하나, 예수님의 삶을 닮는 방법(HOW)을 배우는 것이다. 체계적이고 구체적으로 훈련할 책이 필요하다는 결론하에 책이 나왔다. 인간-인간 사이 대화기술(Interpersonal Communication Skill)의 원칙과 삶의 적용(HOW)이 주 내용이다. 대화기술을 훈련하고 실천하는데 길잡이 역할을 하기 위한 것이다. 바른 인간관계의 소통을 배우고 실천하는 가이드이다. 강조하건데, 이는 어느 특정 전문인을 위한 것이 아니다. 전문인이 되기 위한 학과 과정도 아니다. 그래서인지 어느 학교에서도 가르치지 않는다. 설사 과목으로 가르친다 해도 단시간에 완습하지 못하는 단점이 있지만, 그래도 배워야 한다. 새로운 대화기술이 자연스럽게 삶에 자리매김 하기 위해서는 긴 시간이 필요하다. 가정을 시점으로 교회와 사회 등에서 관심을 가지고 배우고 가르쳐야 화목이 보장된다. 행복하기 원하는 모든 일반인들이 배워야 하고, 어린시기에 배워야 자연스레 자신의 것이 되는 기술이기 때문에, 배우는데 높은 지식이나 IQ를 요하지 않는다. 어린아이부터 노인까지 배울 수 있도록 배려하시는 하나님의 사랑을 다시 만난다.

예수님의 대화는 사람의 이익을 먼저 챙기시고 언제나 사랑으로 말하신다. 강론이나 가르치기 위한 말씀을 제외하면 말은 간단하고 비유를 많이 쓰셨다. 대화를 자신의 방어용이나 상대를 공격하는 목적으로 삼으신 일이 없다. 황금율의 기초 위에 대화를 나누시어 공감의 대가시다. 상대를 부끄럽거나 모욕을 느끼지 않게 전하고자 하는 말씀을 하셨다. 질문을 사용하여 스스로 생각하고 답을 찾게 도와주시며 지혜를 터득하게 하신다. 예수님식 대화는 우리로 하여금 용기와 희망을 갖게 하고 상처를 치유하는 힘이 있다. 이 책에서는 예수님처럼 말하고 행동하여 죽어 가던 내가 살고, 그런 이웃을 살릴 수 있는 열매에 초점을 맞추었다.

4. 인간관계의 원칙은 황금율이다
(사람을 진정으로 존중하고 사랑하는 옥토마음으로)

'그러므로 무엇이든지 남에게 대접을 받고자 하는 대로 너희도 남을 대접하라 이것이 율법이요 선지자니라.' (마 7:12)

소아정신과 의사이며 하버드대학 교수인 로버트 콜 박사(Dr. Robert Coles)의 저서 『How to raise a moral Child』에서 위의 황금율(Golden Rule)은 도덕적 삶의 기반이 된다고 하였다. 남에게 대접받고 싶은 대로 대접하라는 것이 황금율(Golden Rule)이다. 황금율은 내가 싫어하는 것은 남에게 하지 말고 남을 해하지 않는 것이다. 사람을 사람으로 대접하고 대접을 받는 관계, 모든 이웃을 내 몸과 같이 사랑하는 하나님의 명령을 실천하는데 지켜야 하는 불변의 원칙이다. 성경에서 하나님이 나(하나님과 전심을 다해 사랑의 관계를 맺은 나)를 사랑하듯이 남을 존중하고 사랑해야 예수님을 닮는다고 배웠다.

우리 문화에서는 그 내용이나 사고는 좁고 조건적이다. 존중할 만해야 존중하고, 사랑할 만해야 사랑하는 마음가짐이 근본 문제다. 나의 생각이나 말이 소중하듯 남의 생각이나 말도 동일하게 소중하다는 마음의 실천이 약하다고나 할까! 남이 나를 소중하게 대해 주기를 바라듯이 내가 먼저 남을 소중하게 대하는 황금율의 실천이 진정한 사랑의 대화를 나눌 수 있는 힘이다.

남에게 사랑을 주는 행위는 고상하고 아름답고 희생적이다. 열심히 주었는데 받는 편에서 사랑을 보지도 듣지도 못했다면 길이 엇갈려도 한참 엇갈렸다. 주는 사람과 받는 사람의 통로가 닫혀 있거나 방향이 다르면 그 수고가 헛되고 만다. 내 방법대로 내 생각대로 주다 보니 사랑보따리가 잘못 전달되기 때문이다. 안타까운 일은 정성을 다해 사랑했는데 받는 사람의 마음에 상처를 주는 것이다. 상대를 배려하고 존중하기보다 자신의 필요에 맞추어 자신이 생각해낸 최대의 것을 주는데 문제가 있다. 다시 말해서 황금율의 적용이 부족한 마음이고 행위다.

우리는 일상에서 무시 받거나 모욕을 당하는 갑을의 관계를 흔하게 본다. 한쪽은 모욕을 느끼고 상처를 받으며 수치와 분노의 관계가 된다. 불화한 인간관계는 관계 단절과 불행한 사회적 문제를 야기하고 증폭시킨다. 문제의식을 직감한 전문가들은 가정과 사회의 인간관계 문제를 최소화하라는 해결처방을 내 놓았다. 해결의 결론적인 답은 알았으나 구체적인 방법을 찾아 헤매었다. 구체적인 방법이 성경에 있고 예수님식 삶이고 예수님식 대화라는 것을 찾았으니 방방곳곳에 알리려 한다.

5. 예수님의 마음과 공감

　공감(Empathy)은 신실한 인간관계를 유지하기 위해 반드시 갖추어야 하는 마음이다. 이웃(자신)이 어떤 상황에서 고통, 어려움, 즐거움 등을 느낄 때, 그 사람의 입장이 되어 같은 마음(심정)으로 느끼고 동참하는 마음이 공감이고 감정이입이라고도 한다. 공감의 말이 진심일 때, 상대는 자기를 이해하고, 알아주고, 받아준다는 마음을 갖는다. 다시 말해서, 공감은 사랑의 마음이고 이를 표시하는 말은 간단하면서 어려운 공감대화다. 인간이 성장하면서 배우고 체험하면서 얻어지는 최고의 고상한 마음자세다. 이런 마음은 조건 없이 사람을 존중하고 사랑한다는 예수님의 마음이다. 이 조건이 갖추어져서 하는 공감대화는 상대에게 사랑의 감동을 줄 수 있는 가장 효과적인 불가결한 방법이다. 상처받고 돌아선 마음, 꼬인 사람의 마음을 움직이는 위력이 있다. 실족하거나 쓰러진 사람을 세우는 힘이 사랑이고, 사랑을 실천하는 대화기술이 공감기술이다.

　인간이 가지는 공감마음은 내적능력이고 공감으로 표현하는 것은 인간관계를 진솔하게 가지는 능력이다. 먼저 마음밭을 옥토로 가꾸고, 마음밭이 가꾸어지면 언행으로 표현하는 것이다. 이 능력은 학습, 체험과 실습을 통해서 얼마든지 발전할 수 있다. 인간관계에서 사랑을 표시하는 어떤 방법보다 우월한 것이 공감대화기술이기 때문에 여기서 시간을 많이 할애해서 공부하고 훈련한다. 이웃을 자기처럼 사랑하고 사람의 상한 마음을 치유하는 능력이 여기서 나온다.

동정심(Sympathy)은 이웃(사람의 상황, 동물이나 식물 등)의 고통, 어려움에 대한 내 자신이 느끼는 불쌍함, 동정 혹은 연민이다. 남을 도와주고자 하는 마음의 시작인데, 서로 도우며 사는 인간사회에 기여하는 마음이다. 동정심의 발로는 선하다 하겠으나 내 자신이 느끼고 생각하는 대로 이웃을 돕는다. 동정 받는 이웃의 마음을 배려하지 못하는 '내식 도움'이다. 이웃이 동정해 줄 때 감사하지만 동정 받는 자는 자기 처지에 대한 처참한 심정이 될 수 있다. 때로는 피해자라는 의식이 내재해 있어 분노와 자기연민에 빠지면 헤어나기 쉽지 않다. 이러한 동정심을 가지고 사랑을 베풀 때 마음을 상하게 할 수 있다는 것을 알아야 한다. 어느 경우에도 이웃을 배려해야 한다는 원칙을 기억해야 한다. 어느 때고 실패하지 않고 사랑을 주는 공감기술과 구별해서 배워야 긍정적인 삶에 도움이 된다.

콤페숀(Compassion)은 Sympathy와 Empathy를 통합한 마음인데 특히 고통 받는 이웃에 대한 불쌍히 여김, 그 상황에서의 이웃의 처지와 심정, 그리고 고통에 함께해서 적극적으로 도움을 주는 마음이고 언행이다. 우리말로 정확하게 번역이 어려워 그대로 사용한다. 광범위한 인간의 선한 마음과 행위를 지칭한 것이다. 희망적인 것은 현 미국에서 콤페숀을 강조하며 가르치는 기관이 늘어가고 있다는 것이다.

용납(Acceptance)한다는 것은 있는 그대로 받아들이는 마음이다. 이웃을 비판하지 않고 이의를 제기하지 않고 나와 달라도, 내 마음에 들지 않아도 바꾸려 하지 않으며, 그대로를 인정하는 마음이다. 조건이 없이 내 모습 이대로 받아주기 원하듯이 그 모습 그대로 알아주고 받아주는 마음을 알리는 대화가 공감대화다.

이해(Understanding)는 상황이나 사리, 언행을 헤아리고 분별하여 해석해서 아는 것이다. 한 사람의 미묘한 내면을 이해한다는 것은 상대의 일부분만 알거나 왜곡해서 해석하는 오류를 범할 수 있다. 깊이를 알 수 없는 물속을 들여다보는 것과 같다. '이해'는 상대의 밑에(Under) 서서(Standing) 그의 사정을 깨닫고 비판 없이 받아들이는 것을 의미한다.

Love is patient - 인내(Patience)는 우리가 잘 알고 있는 고린도 전서 13장 '사랑은 오래 참고'의 참음이다. 인내는 아픈 것, 슬픈 것, 억울한 것, 여러 힘든 것들을 불평하거나 싸우지 아니하고 참아 내어 자신과 남을 지키는 것이다. 기분적으로 한번 하고 그만 둘 수 있는 것이 아니고 오래오래 하는 것이다. 사랑장의 첫 번에 나올 만큼 사랑의 가장 중요한 한 면이다. 사랑의 하나님이 한없는 인내심을 가지고 우리에게 가르치려 하는 내적 능력이다. 하나님의 사랑을 우리가 깨달을 때까지, 믿고 참으며 조용하게 기다리는 힘을 의미한다. 우리를 그렇게 기다리고 계시는 것이 하나님의 사랑이다. 인내 훈련을 거듭하는 사람은 자신을 조절할 수 있고 정신건강이 좋아지는 긍정적인 감정의 소유자가 된다. 하나님은 인내로 우리를 사랑하시고 우리로 하여

금 그런 인내를 가지는 것이 유익하다고 하신다. 우리가 하나님의 사랑으로 살며 사랑을 주고받을 때, 서로 믿고 참고 기다리는 인내가 사랑의 첫 번째 능력이 되는 이유다.

인내와 관련해서는 심리적 탄력 복원력(Resilience)을 뺄 수 없다. 복원력은 심리적으로 힘든 위기나 스트레스 뒤에 상흔을 받지 않고 적응하거나 원상으로 복귀하는 능력이다. 부정적 신체적 정신적 영향을 덜 받고 일상 삶의 기능을 유지하는 능력이다. 요즘 각광을 받는 긍정적 심리학(positive psychology)의 핵심적 개념의 하나다. 복원력을 가능하게 하는 것은 현실 판단, 자신에 대한 신뢰, 소통능력 그리고 감정제어는 적절한 인내의 요소들이다. 감정조절의 핵심역할은 인내의 능력이다. 인내의 힘이 있어야 복원력이 증가하고 긍정적 사고와 삶을 바랄 수 있다. 힘들더라도 희망을 잃지 않고 다시 돌아오는 것은 하나님 사랑에 대한 절대적인 믿음에서다. 나를 믿고 존중해주며 격려하기를 주저하지 않는 이웃, 그래서 내가 마음 문을 열 수 있는 이웃이 무엇보다 큰 도움이다.

친절(Kindness)에 대해 헨리 제임스(Novelist)는 인생에서 첫째, 둘째, 셋째 모두 친절이 으뜸이라 했다. 인간은 누구나 보이지 않는 힘, 잠재능력을 소유하고 있다. 이중에 친절함(Kindness)은 인간관계에서 뚜렷하게 돋보이는 가장 강력한 파워다. 나와 상관없는 사람에게 미소를 보내는 사람, 작은 일에 감사하고 축복을 빌어 주는 사람은 슈퍼파워를 가진 사람이다. 이럴 경우 겉으로만 하는 가짜 친절은 자신의 이익을 우선으로 하는 자기중심인 자세의 표현이다. 'Love is kind'에서 언급된 친절은 상황에 관계하지 않고 먼저 이웃을 배려한다. 내가 손해를 보거나 상처를 받더라도 무례히 행하지 않는다. 자비하고 따뜻하고 부드러우며 자기 이익을 생각지 않고 이웃을 챙기는 인간됨이다. 온유함과 친절함이 조건 없이 사랑하는 마음, 언행의 중심이 되어야 하나님의 사랑을 이웃에게 보여줄 수 있다. 이럴 때 행복 신경전달물질인 세로토닌, 노에피네프린, 엔돌핀, 도파민 등이 체내에서 나와 우리는 만족하고 강건해진다. 이웃을 사랑하는 행위의 하나인 아름다운 대화기술 역시 이러한 마음이 있어야 사랑의 대화가 되어 행복한 관계를 가능하게 한다. 이 모든 섭리가 우리를 위한 하나님의 사랑이고 선물이다.

6. 정서적 공감, 인지적 공감

근래에 뇌 연구가(Neuro Imaging Study)들은 공감을 정서적 공감(Emotional Empathy)과 인지적 공감(Cognitive Empathy)으로 구분한다. 자동적으로 일어나는 정서적 공감과 의식적이고 인위적으로 배워서 익히는 인지적 공감이 밀접한 관계를 가지고 있다는 연구다. 근래의 전문가들은 사회적 공감(Social Empathy)을 말하며 개인적 공감(Individual Empathy), 상황의 이해(Contextual Understanding), 사회적 책임(Social Responsibility)의 분야까지로 확대해 더 나은 사회적 동등성, 공정성의 필요함을 제시했다.

정서적 공감은 오감을 통해서 뇌에 전달된 상대의 감정에 정서적으로 반응하는 능력이다. 정서적 공감은 타고나는 본능적 감정이다. 어느 상황이 되면 거의 자동적으로 일어나는 감정이다. 연구에 의하면 뇌의 시상 변연계(Thalamus- Limbic Area)와 거울 뇌세포(Mirror Neuron) 작용에 의해 공감능력이 발달한다고 한다.

인지적 사실적 공감(Cognitive Empathy)은 상대의 상황에 의해 일어나는 사실을 인지적으로 이해하여 공감하는 능력이다. 인지 공감은 전 전뇌 피질 특히 언어 의미와 관련된 피질에서 감지되고 학습에 의해 활성화된다. 인지적 공감능력은 전뇌(Frontal Lobe)의 발달에 비례한다. 근래에 발표된 연구로는 두 공감능력은 한쪽을 개발시키면 다른 쪽이 따라서 개발할 가능성이 높다. 아름다운 대화기술의 공감대화기술의 지속적인 학습은 인지적 공감을 훈련하는 것이다.

컴페숀 공감(Compassionate Empathy)은 이웃의 필요에 민감하게 반응하는 행위, 인류가 살아가는데 필수적으로 학습해야 하는 공감이 말과 행위로 표현되는 능력이다. 이에 대한 중요성을 거듭 언급하고 있다.

연구에 의하면 뇌의 발달은 태내에서부터 지속적으로 발달이 되기 시작해서, 4살 전후에 '마음'의 개념이 생기고 남이 자신과 다르다는 것을 인지한다고 한다. 대체로 4살 이후부터 7살에서 12세에는 공감능력이 발달하고 옳고 그름과 도덕적 판단(Moral Reasoning)이 가능해진다. 이 시기에 가정, 학교 등 삶에서 부모나 지도자가 공감관계를 가진다면 롤 모델을 통해 활발하게 공감을 배우고 익힐 수 있다. 언급한 거울 뇌세포가 크게 작용한다. 뇌의 발달이 미성숙하거나 뇌에 병변이 있으면 공감능력 개발이 현저하게 저하된다. 이런 경우에도 좋은 롤 모델은 상대의 거울신경세포를 자극하여 공감대화로 관계를 가지면 기대하지 않았던 결실을 볼 수 있다.

  인간은 애기 때부터 다양한 환경에서 삶을 체험한다. 인생경험은 부정적 혹은 긍정적인 감정, 사고, 신념, 인생철학, 이념 등이 마음(뇌)에 특별하게 각인된다. 각각 다른 체험은 뇌에서 복잡한 과정을 거쳐 유일한 '나'가 되도록 한다. 생명체인 인간은 손도장과 DNA가 누구와도 동일하지 않다. 그가 가진 감정이나 생각 등의 내면의 세계와 표현하는 말과 행위도 고유하다. 성격이 동일한 사람이 존재하지 않는 것은 당연한 사실이다. 자신만의 유일한 고유성은 인정받고 존중받을 때 자신의 정체성이 뚜렷해지는 요건이 된다.

7. 뇌의 가소성(Plasticity), 크리스천의 성품

  삶에 대한 우리의 기대는 노력하는 만큼 그에 합당한 내적, 외적 열매를 맺는 것이다. 내적 열매는 마음을 관리해서 얻는 것이고 외적 열매는 언행의 열매다. 두 가지 열매는 연결되어 협력해서 맺혀지는데 뇌의 발달과 발전에 의한 결과다. 자녀는 주로 부모를 통해서, 성인은 성인끼리 서로 일구어 나가는 평생작업이다. 우린 성인이 된 후에도 사람이 변하는가? 성격이 바뀔 수 있는가? 더 나은 사람이 되기 위해 기도하고 노력하면 사람이 변하는가? 라는 질문을 반복한다. 얼마 전까지 뇌의 발달이 어느 때가 되면 멈추거나 퇴행하는 것으로 알았다. 연구에 의하면 24시간 쉬지 않고 일하는 우리의 뇌는 뇌신경가소성(Neuroplasticity)이라는 특성이 있다는 것을 관찰했다.

뇌의 가소성이란 외부 내부 자극에 의해 뇌신경세포, 시냅스, 신경교세포가 반응하면서 변화하는 특성을 말한다. 우리의 경험에 의해 뇌신경의 연결 길이의 변화, 연결부위 연결 추가 혹은 제거 등 신경경로가 끊임 없이 변화하고 재구성한다. 우리의 뇌는 변화할 수 있고 우리 자신을 성숙케 할 수 있다는 결론이다. 여기에 인간관계, 대화는 상당한 역할을 하는 것으로 알려져 있다. 인간의 부족함을 아시는 하나님, 여러 번의 기회(second chance)를 주시며 할 수 있다는 희망을 가지게 하는 이유가 여기에 있지 않을까! 뇌의 가소성은 전적으로 하나님의 사랑에서 비롯된 은혜다.

어린 시기부터 인간관계에서 바른 대화로 존중과 사랑의 소통을 보고 배우면 우리의 뇌는 경험대로 발달한다. 어른이 더 성숙하게 발전하려면 마음과 언행 등의 체질개선이 필요하다. 우리는 원하는 성격을 만들기 위해 뇌를 변화시킬 수 있을까? 상대를 탓하기 전에 나는 어떻게 상대의 말을 듣고 있는가? 나는 무슨 말로 어떻게 반응하는가? 나는 가족에게 어떻게 보이는가? 나는 이웃에게 어떠한 모습으로 비추어지고 있는가? 우리의 관습적인 대화방식을 어떻게 바꾸면 일상의 언행이 순화되고 효과적일까? 어떻게 성공을 할 수 있는가? 나는 빛과 소금의 역할을 할 수 있을까? 평화의 도구로 쓰임 받을 수 있을까? 크리스천의 성품을 소유하고 있나? 등의 질문은 체질개선의 시작이 될 수 있다.

전문가들은 타고난 기질에 후천적 영향이 뇌에 변화를 일으키며 성격형성이 된다고 한다. 뇌의 발달과 기능은 성격을 만들고, 형성되어진 성격은 삶의 질과 길을 조절하는 힘이 있다. 끊임 없이 변화하고 발전하는 뇌의 특성은 우리를 더 나은 사람으로 발전할 수 있다는 희망을 가지게 한다. 크리스천은 크리스천다울 때 예수님을 닮았다고 한다. 하나님이 크리스천에게 대 사명(하나님을 사랑하고 이웃을 네 몸과 같이 사랑하라)을 주시면서 예수님의 언행을 따라하면 된다는 정답도 주셨다. 예수님처럼 사는 것은 예수님을 닮는 것이고 성격을 닮는 것이다. 그러기 위해서 뇌의 소프트웨어에 말씀을 저장하여 마음을 옥토로 가꾸는 것이 전제다. 뇌에 인식된 지식의 말씀이 성령의 도움으로 깨닫고. 행위와 연결되면 이에 필요한 뇌신경연결부위(Neuronal Synapses)가 증가되어 우리의 뇌는 크리스천의 뇌로 발달한다. 크리스천의 뇌는 말씀대로 사는 크리스천의 성품을 나타내게 한다. 이런 사람은 예수님 제자이고, 세상의 peace maker이며, 빛이 되기에 부족함이 없는 준비된 사람이다.

근래 심리학, 의학과 현대 철학자들에 의하면 효과적인 대화는 뇌의 발달과 영육 혼을 건강하게 한다고 강조한다. 대화가 뇌건강에 주는 연구가 활발한 중에, 치매를 포함한 정신질환 그리고 육체적인 질병의 예후에도 영향을 준다는 보고가 늘고 있다.

8. 대화기술이 주는 축복, 유익한 열매들

우리를 안전하고 행복하게 하는데 절대적으로 도움을 주는 요소가 대화기술이다. 이 책에서 소개하는 대화기술은 한글의 ㄱ, ㄴ, 영어의 A, B, C와 같은 기본적인 것이다. 이 과정을 마치면 자신의 새로운 가능성을 발견하고 자신감이 회복되기 시작한다. 문제는 조금이라도 힘든 사건에 봉착하면 새로운 것은 잊고 어느새 옛 모습으로 가 있는 것이다. 지속적인 학습과 체험 그리고 지혜를 나누는 현장훈련이 절실하다. 갈등이나 문제를 해결하는 대화능력은 체험을 거듭하면서 터득한다. 점차적으로 인간관계에 확신이 생기고 문제가 두렵지 않게 된다. 이때 사용하는 대화는 고급대화기술이고 유익한 효과는 다음과 같다.

먼저 배운 사람이 롤 모델(Role Model)이 되어 관계를 가지면 뇌의 거울신경세포가 작동한다. 상대가 보고 배우게 하는 학습효과가 그것이다. 예로, 부부갈등이 있는 경우에 한 쪽이 롤 모델이 되면, 배우기를 거부했던 상대방이 배우려 하는 동기를 갖는다. 문제를 예방(Problem Prevention)하고, 이미 일어난 문제에 대해서는 타협하고 해결(Problem Solving)하는 지혜와 인내, 능력의 소유자가 된다. 부모는 자녀를 노엽지 않게 훈계(Discipline)하고 필요한 행동 수정(Behavior Modification)이나 습관을 변화시키기가 용이하다. 정신적, 육체적 문제의 회복, 내적 상처 치유(Inner Healing)에 놀라운 도움이 된다. 그리고 서로 용서(Forgiveness)하는 깊은 내면의 변화를 체험한다.

남을 배려하며 자기 의사를 표현하므로 상대방과 협조

(Cooperation)하여 선을 이루고, 타협(Negotiation)하는데 능숙해진다. 남의 심정을 알아주고 존중하므로 상대의 마음을 얻고 서로 한마음이 되는 대화를 한다. 상대를 섭섭하지 않게 배려하면서 자신의 한계를 분명하게 알림으로 탈 없이 관계를 지속한다. 여기서 인간은 동등(Equality)하게 태어났다는 것, 동등한 대우를 받아야 만족한다는 것을 경험한다.

우리가 바라는 열매 중에 가장 고상한 것은 하나님의 생명체인 인간은 유일성과 고유함을 지닌 생명 인격체라는 사실을 인정하고, 외부의 조건에 관계없이 동일하다는 것을 받아들이는 능력이다. 이러한 능력의 소유자는 인간의 동등성을 믿고 서로 존중하는 마음으로 인간관계를 발전시킨다. 누구도 하나님의 자녀를 무시하거나 차별할 자격이 없는 것을 인정하고 실천하는 하나님의 실력자가 되는 것이다. 인간은 끊임없이 변화하는 환경에 적응하며 행복하게 살기 위해 노력한다. 대화기술은 행복하기 위해 일생동안 사용하는 행복도구다. 앞서 언급했듯이 행복도구를 유용하게 사용하는 사람은 면역성과 탄력 복원력이 높다고 했다. 우리를 놀라게 하는 학자들의 연구는 에피제네시스(Epigenesis)의 발견이다. 주변 환경, 인간관계의 자극에 따라 우리의 언행, 일상적인 말과 행위는 변화되고, 또 이것이 DNA의 변화를 통해 유전이 된다는 연구가 이어진다. 외부의 자극, 나의 언어와 행위가 남을 자극해서 남의 유전자를 변화시킬 수 있다는 설이다. 효과적인 의사소통으로, 내가 행복하고 남을 행복하게 하는 언행의 중요성을 백번 강조한다.

9. 한마음이 되는 순간

두 달 전에 통화한 최 여사는 제대로 말을 잇지 못했다. 20세 중반의 두 딸과 부모가 겪고 있는 고민을 털어 놓았다. 최 여사는 남편 제쳐놓고 두 직장을 뛰면서 자식에게 올인했다. 큰 딸은 신입 직장인이고 작은 애는 대학 졸업반이다. 코로나 사태가 닥치면서 둘 다 집에 있는 시간이 길어졌다. 작은 도넛 가게를 운영하던 부부는 손님이 뜸해지자 아예 가게 문을 닫았다. 네 식구가 집에 있으니, 초기에 좋았던 날이 갈수록 불편해져 갔다. 큰 딸은 직장을 잃었고, 둘째는 대학교 온라인 수업을 하고 있었다. 밥 먹을 때만 잠시 얼굴을 대하고는 각기 제 방에서 지낸다. 대화가 없는 가정이 지속되었다. 최 여사는 세 끼 챙기랴, 빨래, 청소, 장보기 등 전보다 더 분주했다. 누구도 도와주지 않았다. 도움은커녕 식구들은 바이러스에 감염될지 모른다며 주의 사항을 늘어놨다. 장보러 나오는 것도 눈치를 봐야 했다. 어느 날 시장에 다녀와 가라지에 차를 세우자 안에서 싸우는 소리가 들렸다. 이따금씩 딸들이 하는 행사여서 예사로 여기고 문을 열었다. 식탁 위에 집기들이 널려 있었다. 아빠가 딸들에게, 먹고 남은 식기들이 그대로 쌓이는 것을 지적하며, 설거지를 하라고 소리치고 있었다.

"아빠가 나한테 뭘 해 줬는데, 일을 시켜요! 아빠가 사랑하는 쟤를 시켜야지, 엄마 두 아시잖아요! 왜 나만 야단쳐요!"

최 여사를 본 큰아이가 울부짖었다. 작은 애도 옛날 일까지 들추며 자기가 더 차별대우를 받았다며 덤볐다. 둘 다 엄마 아빠의 사랑타령을 하고 있었다. 누가 뭐라 해도 열심히 일했던 아빠가 있었기에 저희들 공부를 하지 않았나. 그녀는 세 사람 사이를 오가며 달랬다. 엄마 아빠는 둘을 똑같이 사랑했노라고 알아듣게 설명하며, 미안하다 용서해 달라고 했다. 약간의 용돈도 주었건만 그 후 그들은 식사도 같이 하지 않았다. 어린 시절에는 친구처럼 잘 지냈다. 중학교 입학하며 다투더니 고등학교 졸업 후에는 서로 연락을 끊은 상태다. 집에 와서 같이 지낸 지 두 달이 채 못 되어 일이 터진 것이다. 차라리 홈리스가 되는 것이 편하겠다며 짐을 꾸리는 큰애를 사정해서 눌러 앉혔다.

최 여사와 남편은 일주일에 한번씩 8주의 대화기술 과정을 거쳤다. 이제는 네 식구가 함께 식사하고 텔레비전 앞에서 한국영화를 본다고 했다. 그동안 딸들의 억어지 같은 말에 "네가 스트레스가 쌓여 힘들었구나." 혹은 "그래, 엄마 아빠가 그래서 속상했구나." 등 열리지 않는 입술을 열고 배운 대로 공감을 했다. 딸의 아픔이 보이는 순간마다 따뜻한 미소로 딸의 아픔을 보듬어 주었다. 엄마는 발뒤꿈치를 올려 목을 껴안으며 "나의 귀한 딸"이라 속삭였다. 그리고 딸의 손을 잡았다.

"엄마 손은 따뜻하네! 엄마, 미안해! 내손이 차서."

2020년 1월부터 COVID19 바이러스가 세계를 휩쓸고 사망자가 늘어나면서 세계가 패닉 상태에 빠졌다. 사람과 밖이 무서워 직장이나 학교를 못 가니, 집에만 있는 시간이 급속하게 증가했다. 개인과 가정, 사회의 생존에 위협을 주는 환경은 심리적 스트레스가 쌓이게 마련이다. 건강상의 염려, 경제적 스트레스,

젊은이의 미래가 불투명한 불안한 세월이 지속되고 있다.

위기가 기회라고 했다. 만나지 못해 중단되었던 정신건강. 정신질환 교육과 대화교육을 영상으로 진행했다. 이렇게 시작한 교육과 훈련은 뜻하지 않은 결실을 거두었다. 집안일에만 몰두하던 분들이 스트레스를 나누고 더 나은 삶을 위해 열심히 배운다. 들어 보지도 못한 여러 도시들과 한국, 아르젠티나 등 외국에서 사역하시는 목회자님들을 만나는 기쁨이 주어졌다. 이 시간을 기다리는 분들이 늘어갔다. 우리는 정신건강과 스트레스에 대한 대처를 공부했다. 현 상황에서 겪고 있는 심적 갈등을 위한 대화기술은 가정불화를 완화하는 최고의 가이드라는 것을 재확인하는 시간이 되었다.

둘째 장

대화기술은 능력이다

둘째 장
대화기술은 능력이다

1. 김 박사의 딜레마

김 박사는 여러 면에서 남보다 꽤 괜찮은 사람이라 생각하고 살았다. 교회에 가서 말씀에 비추어 보아도 남들이 자신보다 나은 것이 없었다. 교회생활 10여 년 만에 어렴프시 이웃사랑에 눈이 뜨이고 겸손해야 한다는 말씀에 고민도 했다. 자기 같은 사람에게 아내나 아이들이 불만을 갖는 것이 이해는 안됐지만, 나름대로 가까이 하려고 노력했다. 그럼에도 그들의 불만은 늘어갔고 김 박사는 외톨이가 되어 갔다. 나 같은 사람이 왜? 왠지 불편했고 불면까지 왔다. 풀리지 않은 수수께끼처럼 상태는 수습이 되지 않았다. 기도와 수련회에서 시원한 대답을 얻지 못한 그는 자책까지 하게 되었다. 아내의 말대로 대화기술을 생각했으나 우리의 상황을 변화 하는데 도움이 될 것 같지 않았다. 기도와 말씀공부를 열심히 했는데도 안 풀리는 문제를 대화교육이 도움이 된다고? 동의할 수 없었다. 아내의 눈총을 더 이상 버티지 못하고 정말 내키지 않는 걸음을 옮겨야 했다.

그는 대화라는 것을 배우며 이상한 체험을 했다. 보지 못하고 생각하지 못했던 것이 차츰 보이고 들리기 시작했다. 사실 첫 시간은 알고 있었던 지식을 배우니 짜증이 났다. 등에 밀려서 간 둘째 시간에서는 알고 있는 이론을 실천하는 방법 '어떻게'를 연습했다. 실천은 이론과 달리 뒤뚱거리는 오리 같이 어색했다. 입이 떨어지지 않았다. 새로운 방법은 정말 저 밑에서 다시 시작하는 것이었다. 습관화된 대화, 말버릇이 너무 오래고 쓸모없어 새로운 것으로 바꾸어야 했다. 표정 고치기, 목소리 다듬기, 경청하고 공감하기 등 삶의 큰 부분인 대화 의사소통을 배웠다. 전에는 자신의 말이 우선이라 자식과 아내의 말을 건성 들었다. 때로는 내 생각으로 꽉 차서 누구의 말도 들리지 않았다. 왜 그렇게 그들의 말을 중간에서 끊었을까. 잠자코 들어 주는 것이 그렇게도 싫었나. 그뿐인가. 그들의 말이 사리에 어긋난다 싶으면 재빠르게 내 생각을 주입시켰다. 그것이 그들을 위한 그의 최선이었다. 그는 자주 과민하게 반응했고 자신이 얼마나 타당성이 있는지를 역설했다. 이런 것은 자신을 위해서가 아니고 가족을 위한 것이란 말도 빼놓지 않았다. 때로는 비난, 비판도 따끔하게 했다. 사랑하니까.

공감만은 여기저기서 배워 자신이 있었다. 솔직하게 배울 필요가 없다고 생각했다. 그는 자신의 공감실력이 받아 들여지지 않자 자존심이 상했고 저항까지 했다. 한국과 미국에서 최고의 학부를 마친 엘리트가 '말하는 것'을 배우다니, 자존심이 상했다. 동의할 수 없는 그들의 말에 공감을 하자니 거부감이 들었다. 자식이, 아내가 나와 다를 수 있다는 것을 받아들이는데 꽤 시간이 걸렸다. 그들의 의견을 내세우거나 대드는 것은 가장을 무시하는 태도라 믿어 용납할 수 없었다. 시간이 지나면서 공감의 참뜻을 모르고 적당히 입술로 배웠다는 것을 알았다. 공감을 연습하는데 참으로 쑥스러웠다. 자신의 무지로 인해 고통받았을 애들과 아내의 모습이 보였다. 안 열리는 입술을 어렵게 움직여 배운 공감대화기술을 아내에게 사용하기에 이르렀다. "그래요, 당신이 많이 속상했겠어요." 이 한 마디에 아내의 눈시울이 붉어졌다. 김 박사의 가슴이 그들의 눈물과 상처로 차여 갈수록 그는 감사와 기쁨을 체험하고 있었다.

2. 언어와 대화기술의 능력
'우리말의 한계가 우리 세계의 한계다' (철학자 L. Wittgenstein)

언어는 지구의 생물 세계에서 인간만이 가진 특권이고 능력이며 인간의 문명을 생성 발전시킨 원동력이다. 인간 사회는 언어에 절대적으로 의존하게 되고 그 댓가로 언어는 우리를 제약한다. 나는 나의 언어가 만드는 울타리를 넘을 수 없다는 말이다. 사전에서 언어의 정의는 자신의 내면을 나타내고 의사소통을 위한 수단이고, 음성이나 문자의 사회 관습적인 체계라 했다. 언어 기호의 내용은 뜻이고 형식은 소리(음성)다. 말하기란 언어를 써서 의사소통을 하는 것이다. 인간은 태어나자마자 말을 접하고 주위로부터 말하기를 배우며 성장한다. 일생동안 사용하는 도구, 말하기의 사용법과 기술을 제대로 익히는 것이 인간의 관심사가 된 것은 최근의 일이다. 말(언어)은 우리를 있게 하고 소통하게 하고, 기술에 따라 행과 불행이 결정될 수 있다. 말의 자유를 외치는 현시대에, 말에 의해 벌어지는 문제가 늘어 가는 것은 당연하다. 언어와 말하기의 중요성을 생각하며 말의 능력과 기술에 대해 간략하게 적어 본다.

말(언어)의 모임이 대화를 통해서 우리의 인간됨과 세계가 이웃에게 표현 전달된다. 대화는 인간과 인간의 접점, 즉 서로 닿는(Touch) 곳이고, 서로 주는 곳이고, 서로 받는 곳이고, 서로를 사귀는 곳이고, 통신선이고, 공급선이다. 우리는 대화를 통해 정신적 영적으로 필요한 영양소를 주고 얻는다. 또한 서로 알리고, 싸우고, 화해하는 곳이다. 대화는 기본적인 인간관계의 원칙을 떠나서는 올바르게 사용할 수 없다. 기본원칙이란 인간은 무한히 귀한 존재이고 그 가치는 어떤 인간적인 척도로는 규정될 수 없다는 것이다. 내부 외부적인 여러 가지 다른 조건에도 불구하고 평등하다는 것이다. '내가 대접받고 싶은 대로 남을 대접하라'는 황금율이 인간 사이에서 예외 없이 적용되어야 하는 이유다. 위의 원칙 하에서 익혀진 대화만이 인간화목과 인간관계의 화목이라는 대 전제를 충족할 수 있다. 내 마음이 옥토가 되지 않고는 어떠한 언어로도 대화가 될 수 없다. 나, 나의 배우자, 가족 혹은 나의 자녀들이 이러한 의식이 없으면 의사소통은 불가능하고 화목한 관계는 기대하지 못한다.

우리가 하는 말의 종류와 특징을 간추려 보면, 말은 다른 개체 혹은 단체에게 자기의 내면, 생각이나 지식 등을 전달하고 받는 것이다. 설교나 강의 등은 대부분 준비한 내용을 대중에게 전하고 피드백은 차후에 받는다. 즉흥적인 연설, 개인적인 말(Extemporaneous, Impromptu Speech)은 원고 준비 없이 즉석에서 하는 말이다. 즉석으로 준비 없이 하는 말은 실수를 범하고 상처를 주는 결과를 가져오기 쉽다. 진정으로 의사소통을 하고자 할 때, 우리의 대화는 체계적으로 말하는 원고를 준비해서 익힌 기술인가? 우리의 뇌는 환경이나 경험 등에 의해 복잡하게 엉켜있는 미로 같다. 엉킨 상황을 그때그때 말로 표현하여 풀기는 우리에겐 감당하기 벅찬 일이다. 말하는 기술을 학습하고 훈련하는 것은 효과적으로 말해서 사랑을 제대로 전달하기 위해서다. 준비된 사람은 남에게 상처를 주지 않고 관계를 향상시킨다. 지식을 정리하고 원고를 준비해서 강의하는 유능한 교수와 비교할 수 있다. 우리는 언어를 잘 사용해서 마음과 마음이 만나는 말을 하게 준비해야겠다. 유아가 첫 걸음을 딛는 것과 같이 기초부터 배워야 한다. 기대하는 바른 대화도 첫 걸음을 딛고 나서 걸어야 발전을 할 수 있다. 인간관계의 다른 모든 것을 이해하고 언어를 유창하게 구사해도 바른 대화가 없으면 모래 위에 집을 짓는 것과 다를 바 없다.

3. 행복한 인간관계와 성공의 열쇠는 소프트 스킬, 대화기술이다

사람이 일생동안 배우고 닦아야 하는 기술과 능력들이 무수하다. 학자들은 인간의 능력을 Hard Life Skill과 Soft Life Skill

로 나눈다. 우리의 성공과 실패, 행복과 불행은 두 기술에 의해서 좌우된다고 해도 과언이 아니다. 두 기술은 다행히 학습과 훈련을 통해 습득할 수 있는 뇌기능 능력이다. 배움의 노력에 의해 발달할 수 있다는 것이다. 뇌건강에 대한 관심이 높아지는 이유다.

하드 스킬은 삶이나 직장 등에서 요구하는 학력과 기술 능력으로 컴퓨터 전문인, 의사, 엔지니어, 회계사, 운동선수 등에 필요한 기술이다. 이는 테스트가 가능하고 볼 수 있으며 계산하여 성취를 점수로 따져 높낮이를 정한다. 예로 자녀에게 입시 위주의 공부는 하드스킬을 높이는 것이다.

소프트 스킬은 사회적 기술, 인간관계 기술 등과 같이 눈에 보이지 않고 테스트가 불가능한 인간의 능력을 의미한다. 상대를 배려하고 이웃에 도움을 주는 좋은 인간관계, 라포(Rapport) 관계유지, 긍정적이고 적극적인 언행, 창의력, 동기부여(Self Motivation), 스스로 알아서 처리하는 것, 갈등과 문제 해결 능력, 팀웍 기술, 결정 능력, 스트레스를 견디며 일하는 능력, 생각과 감정을 조절하는 능력(EQ)이 포함된다.

바야흐로 5G 4차 산업세대가 눈앞에 와 있다. 세계 각 나라가 최초로 최고의 기계기술을 개발하려고 혼신을 바친다. 결국 기계에 의존하는 삶을 살 수 밖에 없다. 세계 기계화의 경쟁 시대에 하드 스킬은 빼 놓을 수 없는 능력이다. 반면에 올바른 인간관계없이는, 우리가 원하는 행복을 보장받지 못한다는 것을 안다. 우리는 기계적인 능력에 만족하지 못하고 사랑과 존중의 관계를 갈구한다. 이는 생명을 유지하고 만족한 삶을 추구하는 본능적 욕구다. 내면의 욕구는 만족한 인간관계를 가질 때 상승된다. 인간관계는 각자의 소프트 기술 능력, 그의 중심에 있는 대화기술에 달려있다.

소프트 스킬을 갖춘 사람은 성숙하고 지혜로우며 인성이 개발된 능력 있는 사람이다. 직장, 사회, 가정이나 친구 사이에서 건설적이고 창의적인 도움을 주는 사람이다. 더 나은 가정, 사회나 세상이 되도록 변화시킬 수 있는 지도자의 자질을 갖추었다고 할 수 있다. 소프트 스킬과 하드 스킬, 두 기술이 적절하게 상호작용을 할 때 우리의 능력이 최대화하며 성취감과 행복감이 따른다. 명문대학이나 좋은 직장에서 성적은 물론 보이지 않는 능력을 갖춘 사람을 찾아 나서는 이유이다.

4. 직장에서 실패, 인종차별인가? 자신의 문제인가?

얼마 전 《LA Times》에 난 한 칼럼이 눈에 띄었다. IT기업에 몇 십 년 근무하다가 은퇴한 Ms. J. Wong's Story다. 그녀는 은퇴 후 자신을 돌아보며 기고문을 썼다. 자신의 문제인가 인종차별 인가에 대해 고민한 글이라 더 관심이 갔다.

'부모 말에 순종하고 선생님 말 잘 듣고 열심히 공부하면 원하는 삶이 보장 된다'는 부모의 가르침을 굳게 믿었고 그녀는 그대로 따라 했다. 살아가는 동안 그 외의 다른 면의 인간 기술을 누구에게서도 들어본 적이 없었다. 이런 배경을 가진 그녀는 오랜 직장을 통해 자신과 주위의 아시안들이 가지는 문제점을 보았다. 그리고 자신의 분야에 상당한 기술과 실력이 있고 열심히 노력하는데 상응한 인정(Appreciation)과 승진에 문제가 있는 사람들이 있었다. 그럴 경우에 인종차별이라고 단정 짓기 전에 자신에 대한 검토가 필요하다고 말했다.

우리 자신은 이 직장에 얼마나 도움이 되는 사람인가, 동료, 상관이나 손님과 좋은 관계를 가지고 있나, 유익한 도움을 주는 관계를 유지하는가, 자기 말에 확신을 가지고 표현하는가, 문제해결과 갈등해소를 긍정적으로 어떻게 헤쳐 가는가, 창의력이 있는가, 일에 대한 열정을 어떻게 나타내는가, 화가 나거나 스트레스 상황을 어떻게 처리하는가 등을 점검해 볼 필요가 있다는 것이다. 고급 직장에서는 하드스킬이 비슷한 인재들이 들어간다. 그 후에 승진이나 성공은 다른 인간 능력에 의해 차이가 난다는 의미이다. 직장에서 성공은 소프트 스킬에 달려 있다 해도 과언이 아니다.

미국 2세들이 격고 있는 고민 중의 하나라는 생각을 지울 수 없다. 유명대학을 나와 큰 기업에 취직한 젊은이들이 긴 휴가를 내고 부모 집에 들어와 사는 경우를 본다. 아예 직장을 안 가고 연락 두절하거나 우울증으로 고생을 하는 사례도 있다. 고생 끝에 쉴만한 시기에 부모의 근심 걱정이 늘어 가는 실정은 남의 일이 아니다. 어떻게 대비를 해야 할까!

5. 능력 있는 지도자는 두 스킬을 갖추고 있다

2016년, 하바드 대학교 입학원서는 'Turning the Tide': 'Inspiring Concern for Others and the Common Good

Through College Admission'라는 새로운 조항을 제시했다. 이런 것은 하바드 뿐 아니라 80개가 넘는 대학들에서 입학사정 시에 지원자들에게서 찾고 적용한다는 것이다. 이런 개념은 과거에도 많이 알려져 있었으나 입학자격에 이것을 적극적으로 포함하는 이유는 세계가 필요로 하는 진정한 지도자의 자질을 가진 사람을 찾자는 의도일 것이다

대화기술, 소프트 기술은 지도자가 갖추어야 할 능력이다. 우리가 이웃과 화목하기 위해서는 반드시 익혀야 하는 능력, 이러한 능력은 점수로 따질 수 없다. 돈으로 살 수 없고 권력으로 강요해서 가지거나 남에게서 뺏을 수 있는 것이 아니다. 적절한 환경에서 교육, 학습과 체험을 거쳐야 비로소 습득되는 능력이다. 오늘날 우리 사회는 영어 수학 등 점수, 컴퓨터 기술과 각종 특기가 성공과 행복의 척도로 여기고 있다. 자녀와 부모는 정력을 다해 상급학교의 입시를 위한 하드 스킬에 시간을 쏟는다. 전문가들은 강요된 공부나 훈련이 하드 스킬은 높이는 반면에 소프트 스킬을 훈련받고 학습하는 기회를 놓칠 것이라는 점을 주시해 왔다.

이러한 취지가 알려짐에 따라 가족대화와 대화교육에 대한 인식이 높아지는 중에 밥상머리 대화가 인기를 누리기 시작했다. 마주치기도 바쁜 시기에 식사시간만 이라도 가족끼리 관심과 사랑을 나눌 수 있는 기회를 만들자는 의도다. 밥상머리 대화가 바로 정립되려면, 터놓고 말이 오고 갈 수 있는 대화기술이 있어야 가능하다. 부모가 이 기회를 충고나 훈계의 기회로 삼는다면 원래의 목표에서 벗어난다. 그 충고가 얼마나 이론적으로 옳고 사

리에 적절한지는 관계가 없다. 대화기술 능력을 갖춘 부모가 밥상머리 대화를 이끌어 간다면 가족은 편안하고 행복하게 뭐든지 이야기할 수 있는 대화의 장을 만들 수 있다.

6. 하나님이 쓰시는 실력자

스텐포드 의과대학 학장 Dr. Lloyd B. Minor는 2017 Wall Street Journal에 의사훈련과 지도자훈련은 다르다고 했다 (Medical and Leadership Training Are Not Same). 외과의사인 그는 11년간 최고의 기술, 조속하고 정확한 진단으로 환자의 생명에 책임을 다한 자신만만한 의사다. 그가 학장에 취임한 뒤에 그룹을 지도하며 얻은 산 체험을 소개한 것이다. 그는 새로이 대화기술을 향상했고 동료 직원들과 신뢰를 구축하며 비평을 받아들이고 공동선을 이루어 전진해야 했다.

우리는 IQ와 그 테스트에 대해 익히 알고 있다. 자신의 감정과 남의 감정을 인지하고 존중하며 자기의 감정을 조절하는 능력 EQ와 원활한 인간관계를 가진 바람직한 사회성(Social Intelligence)이 우리 삶에 IQ 만큼 중요하다는 것도 소개되었다. 진정한 지도자는 가족은 사랑의 관계를 가지고 이웃과는 건설적인 관계를 형성한다. 필요할 때 도움을, 실망할 때 희망을, 넘어질 때 격려로 세우는 사람이 하나님이 인정하시고 쓰시는 사람이다. 이런 사람을 일컬어 평화를 만들어 가는 사람(peace maker)이라 하고 세상의 빛과 소금의 역할을 감당할 실력을 갖춘 지도자라 한다.

7. 보고 배우는 언행, 뇌거울신경세포(Mirror Neuron)

근래 30년은 뇌의 시대라 불릴 만큼 뇌에 대한 일반의 관심이 높다. 그중 하나가 우리의 감정, 행동 및 인간관계에 큰 영향을 주는 거울신경세포의 존재다. 거울같이 작용하는 신경세포가 뇌 작용을 통해 인간됨에 결정적인 역할을 할 만큼 중요하다는 것이다.

거울신경세포의 개념은 1980년대에 유럽의 연구자들이 시작했다. 그들은 한 원숭이가 바나나를 까먹는 손과 입을 보는 다른 원숭이의 뇌를 관찰했다. 자신이 먹을 때의 뇌 변화와 먹는 것을 본 원숭이의 뇌의 전기적 변화가 동일하게 일어났다. 두 원숭이 뇌의 특정한 신경세포에서 일어나는 현상은 흡사 거울과 같은 역할을 한다. 그 신경세포를 거울신경세포라 했다. 남의 행동을 눈으로 본 것이 마치 자신이 직접 한 것 같은 자극을 주어 뇌에 입력되는 것이다. 이런 세포들은 대뇌의 여러 부위에 있으며 인간, 원숭이 등 영장류 뿐 아니라 일부의 조류에서까지 보인다고 한다. 이런 현상은 청각을 통해서도 자신이 직접 행동한 것처럼 뇌에 입력이 된다는 것이다. 대뇌의 역할이 훨씬 크고 활발한 인간에서 이런 작용이 더 뚜렷한 것은 당연하다.

오랜 세월 같이 산 사람들은 서로 닮는다. 부부는 싸우고 다투며 이것저것 비슷하게 된다. 좋은 것은 그렇지만 나쁜 것 싫어하는 것도 닮는다. 이는 부부뿐 아니라 다른 모든 인간관계에서도 관찰된다. 특히 부모와 어린 자녀의 사이에는 더 강렬하게 작용한다. 거울신경세포는 주위로부터 배울 것이 많은 신생아기에 가장 활발하다. 유아기나 아동기에는 자신이 본 그 행동 동작을 그대로 재현시키되 더 잘 하려 노력한다. 거울신경세포가 제대로 작용하면 좋아하는 혹은 싫은 상대의 언동이 뇌 속에 사진처럼 각인이 되어 쉽게 지워지지 않는다. 이렇게 자리 잡은 뇌신경은 내 마음, 기분, 사고와 행동을 지배한다. 그 감정이 강하고 선명하면 할수록 그것을 바꾸거나 없애는 것이 쉽지 않다. 우리가 경험하고 학습할 것이 있는 한, 일생동안 우리의 뇌 안에서 그 역할을 한다고 할 수 있다.

거울신경세포는 인간으로서 성숙하는데 필수적인 여러 가지 기본적인 학습의 불가결한 도구다. 부모와 자녀 사이 부부 사이 그리고 인간 사이를 맺어주는 이 기능을 삶에 긍정적으로 사용해야겠다. 우리의 이웃, 배우자, 특히 자녀에게 우리의 말, 감정 표현과 일거수일투족이 상대의 뇌를 건강하게 하는데 도움이 되는 방법을 제시하고 있다. 한 사람이 좋은 롤 모델이 되어 나의 뇌를 자극하면, 나의 사람됨에 좋은 영향을 준다. 내 자신이 남의 뇌에 어떤 영향을 주었을까, 나의 일거수일투족이 얼마나 중요한지를 다시 강조한다.

인간 사이의 감정의 교류, 특히 공감(empathy)에 거울신경세포의 역할이 크다. 다른 사람이 경험하는 희노애락을 보는 사람의 특정한 대뇌 부위(인슐라, 대상피질, 전 전뇌 특히 그 하부, 두 정엽)의 신경세포들이 활성화된다는 것이다. 감정교류 외에 미적 감각도 이 거울세포를 통해 전달되고 발전한다는 것이다. 거울세포가 처음 관찰된 대뇌피질의 장소는 언어기능을 관장하는 부분과 인접한 곳에 있어 언어 발달에 절대적으로 기여한다고 연구자들이 믿는다. 이 세포의 기능장애가 자폐증상을 보일 수 있다는 설도 여기서 나온다.

태어나서부터 모든 것을 배워서 나의 것으로 만들어야 하는 인간에게 거울세포의 역할은 중심적인 것이다. 친절한 모습과 음성으로 아름다운 대화를 하는 것은 서로의 거울세포에 반복해서 자극이 되게 하는 것이다. 이렇게 서로의 뇌에 유익을 주는 롤 모델이 성립되면 우리의 인식, 관념, 판단과 언어 행동이 좋게 바뀌는 목표에 더 쉽게 갈 수 있다. 자녀나 남에게 롤 모델이 되기 위해 다음 7가지 대화기술을 배우고 실습하는데 그 핵심에는 공감이 있다. 거울신경세포가 그 작용을 통해 공감을 가능하게 하고 아름다운 관계를 만든다.

우리의 뇌에는 1000억 개나 되는 각각 다른 역할을 하는 신경세포가 분포되어 유기적으로 복잡하게 연결되어 있다. 현재까지의 연구로는 뇌거울세포의 역할을 깨끗하게 분리하여 설명할 수는 없는 것도 실정이다. 대부분의 연구가 원숭이에서 이루어졌기 때문에, 앞으로 더 규명을 해야 할 부분이 너무나 많은 것이 사실이다. 인간의 언행, 뇌와 심리 정신세계의 연구가 얼마나 힘든 것인지의 한 가지 표시이다.

8. 대화기술이 뇌건강에 주는 영향

인간의 뇌는 어느 동물이나 영장류보다 훨씬 크고 섬세한 만큼 보호자의 보살핌과 훈련의 기간이 20년 정도로 길다. 미국은 스스로 자립해서 살 수 있는 자녀의 나이가 대략 18세다. 부모는 양육비나 교육의 의무에서 벗어나고 자녀는 부모 밑에서 더 이상 관섭 받지 않고 독립할 수 있다. 부모는 짧게 잡아도 18년간 자녀가 자립하도록 최선으로 양육할 책임이 있다. 자녀양육은 영 육 혼 정신을 건강하고 성숙 성장하게 돕는 것이 중심이다. 인간의 발달 과정을 살펴보면, 태아기 때부터 지속적이고 다양하게 성장한다. 특히 뇌의 건강한 발달은 인간됨을 형성하는 기본이다. 이는 건전한 뇌를 말하는데 특히 전뇌, 전 전뇌는 거의 20년이 지나서도 발달이 지속된다. 인간은 그만큼 더 많은 것을 알아야 하고, 배워야 하고, 기억해야 할 것이 끝없이 많기 때문이리라. 인간은 관계를 가지며 배우고 학습한다. 여기에 언어는 가장 핵심적인 역할을 한다. 또한 사람의 생각과 감정을 표현하는 수단 중에 제일 중요한 방법이다. 이토록 중요한 언어와 구사는 하나님께서 인류를 위해 인류만이 가지고 있는 특수한 방법이고 인간관계에서만 정상적으로 발달이 가능하다.

기억 작용과 그 저장, 처리는 인간성장 발달과 배움에 직접적인 영향을 준다. 기억작용은 뇌의 여러 부분에서 신경세포(Neuron) 사이의 연접부(Synapse)와 긴밀한 관련이 있다. 기억에 필요한 단백질(Protein)이 끊임없이 생성되고 그로 인해 새로운 연접(Synaptic Formation)이 계속해서 생성한다. 그 결과, 기억된 것이 축적되고 정리되고 지식이 생기고 판단이 생기며 감정(Feeling, Emotion)도 풍부해지면서 필요한 통제(Control)도 가능해진다. 이런 기억학습 작용을 통해 우리의 자아(Self)가 형성되고 우리가 누구라는 것, 누군가 되어야 한다는 자각이 생겨서 하나의 인간이 형성된다. 성숙한 인간의 모습은 언어를 통한 가족의 보살핌, 주위 사회의 구성원과 교류 그리고 자신의 끊임 없는 노력에 의해 형성된다. 대화 의사소통은 사회적, 환경적 요인에 큰 영향을 주고받으며 성인의 고급 뇌기능이 최대로 가능하게 돕는다.

효과적인 대화는 뇌의 발달과 건강에 필수적 요소로 알려지면서 정신 심리학에서 인간 사이의 대화가 뇌에 미치는 (Brain and Inter Personal Communication Skill) 연구가 증가하고 있다. 대화가 뇌건강에 긍정적, 부정적 영향을 준다. 주목할 만한 것은, 치매를 포함한 정신질환 그리고 육체적인 질병의 예후와 지대한 관계가 영향을 준다는 보고가 늘고 있다.

9. 하나님의 형상회복, 상처치유

하나님이 만드신 것에 먼저 상처를 주지 말라(Non Nocere - Do Not Harm)는 것은 그 누구도 이웃에게 먼저 상처 줄 자격이 없다는 말이다. 사회적 동물인 인간은 전후좌우로 문제 안에서 살며 서로 상처를 주는 길이 무한하다. 그 중에 말로 주는 상처가 흔하다. 인간에게 예수님은 구원, 양육, 교육, 상담, 치유, care로 우리와 사랑의 관계를 가지고 쓰러진 한 영혼을 위해 온 힘을 쏟으셨다. 인간이 다른 인간에게 상처를 주지 않고 유익하게 할 수 있는 일도 많다는 것을 보여주셨다. 상한 마음을 가진 한 사람의 생명이 크고 소중하다고 믿게 하는 사랑의 대화를 하는 일이 대표적인 것이다. 아픈 사람과 사랑의 관계를 지속하는 것이 관계를 회복하는 것이고 하나님의 형상을 닮아 가는 길이다. 인간이 하나님의 형상을 회복하는 것이 상처치유고 이 사역은 크리스천 모두에게 주어진 사명이다. 인간들이 서로 최선의 것을 주되 상처 주지 않으며 살 수 있는 길이나, 받은 상처를 치유하는 길은 예수님처럼 말하고 행하는 사랑의 관계에서만 보인다.

"나는 포도나무요 너희는 가지니 저가 내 안에, 내가 저 안에 있으면 이 사람은 과실을 많이 맺나니 나를 떠나서는 너희가 아무 것도 할 수 없음이라"(요15:5)

나의 인품이 예수님을 닮으려면 먼저 예수님께 접목 되어, 말씀을 공급받는 것이 우선이다. 말씀으로 가꾸어지는 마음이 옥토마음이다. 많은 부분 옥토가 되었다고 생각할 때에도 우리는 쉽게 상처를 주고받는다. 말씀이 우리의 언행으로 나타날 때 몸에 밴 옛 대화습관이 변하지 않으면 소통이 되지 않는다.

10. 트라우마, 기억과 감정의 연결

"과거를 묻지 말라" "과거는 잊어라" "좋은 것만 생각해라"는 말은 마음을 아프게 했던 기억에 대한 대처 방안이다. 반면에 좋은 기억을 많이 만들라고 하는 권고는 우리의 정신과 자신감 그리고 삶의 활력소이기 때문이다. 지치고 힘들 때 저금통장 같이 필요한대로 요긴하게 쓰인다. 눈에 보이는 신체적인 상처는 당장 치료를 받으나, 눈에 보이지 않는 심리적 상처는 더 아프지만 때에 맞추어 필요한 처치를 받지 못한다. 결국 감추어진 상처와 아픔이 된다. 심리적 '트라우마'는 우리 안에서 여러 가지 형태로 우리의 감정, 인지와 행동을 지배한다. 자신의 감정 언행과 기억에 숨겨진 '트라우마'가 연결되어 서로 영향을 주는 것을 생각할 수 있는 사람은 드물다.

우리 과거의 경험과 그에 따른 좋고 나쁜 감정은 해마를 거쳐 피질에 저장된다. 동시에 대뇌 전 전뇌와 연결되어 인지되고 분석되어 어떤 사건은 기억으로 남아 현재의 삶을 지배한다. 과거와 비슷한 상황이 되면 자동적으로 과거에 처했던 희노애락의 감정이 올라온다. 상처가 되었던 과거의 감정이 현실의 감정과 뒤범벅이 된다면, 부정적인 감정의 수위는 훨씬 강하게 된다. 강한 부정적인 감정은 감정조절하기가 어렵다. 하여 정제되지 않고 훈련되지 않은 말과 행동을 유발한다. 이런 언행은 자신과 주위 사람을 불행하게 할 수 있다.

우리는 세월과 더불어 많은 고통스런 기억을 잊는 '은혜'를 체험한다. 그러나 잊어지지 않는 특별한 부정적인 기억은 일생을 따라 다니며 괴롭힌다. 무조건 과거를 잊고 용서하라는 권유는 상처에 더 아픔을 주고 자존심 자신감을 손상하는 우를 범할 수 있다.

과거의 아픔이 상처로 남아(Trauma) 괴로워하는 것을 외상 후 스트레스증후군(PTSD)라 한다. 트라우마 증상이 임상적으로 뚜렷하면 심리치료가 필요하고 약물도 도움이 된다. 겉으로는 그냥그냥 일상생활을 영위하나 본인만 아는 고통이 삶을 힘들게 한다. 아픔을 오래 동안 방치하면, 긍정적인 삶의 많은 부분이

손실되는 불이익이 있다. 삶의 불균형, 스트레스 등 외에 우울증, 한, 암 등을 유발하는 요인이 되기도 한다. 이에 대비하는 작업이 과거의 상처는 치유하고 미래의 상처를 예방하는 일이다. 최선책은 뇌를 건강하게 하는 것이다. 할 수 있는 만큼 다방면으로 해야 효과가 있다. 먼저 고통을 알아주고 보듬어 주는 사랑의 관계를 갖는 것이다. 다음은 아픈 감정을 부정하거나 속에 쌓아두지 말고 털어 놓을 수 있는 믿을 만한 사람들과의 만남이다. 기도와 말씀 안에서 사랑의 관계를 지속하는 것은 필요한 영양분을 받는 것과 같다. 내 이야기를 하고 이웃의 아픔을 듣는 것은 나만의 문제라는 속박감에서 자유로워진다. 나도 이웃에게 도움이 될 수 있다는 자부심이 생기는 계기가 된다. 하고 싶었던 일을 실천하고, 글을 쓰거나 배움을 이용하여 자신을 재발견하고 이해하는 것 또한 도움이 된다. 과거나 현재의 아픔을 터놓고 말할 수 있게 돕고, 그런 사람이 희망을 가지도록 용기 주고 격려해야 한다. 아름다운 대화기술의 과정에 포함되는 이유다.

위의 방법들을 사용하면 아픈 기억은 여전하나, 과거의 부정적 감정과 즉각 연결되지 않아 아픈 감정이 되살아나지 않는다. 상처에 딱지가 붙는 것과 비슷하다. 과거에 일어났던 일들을 새롭고 더 성숙한 시각에서 보고 판단하며, 인지적 왜곡이 있으면 그것들을 바로 잡는 것이다. 상대의 잘못에 관대해지고 본인의 잘못이라는 죄책감에서 벗어난다. 차츰 과거의 아픔에서 해방이 될 수 있고 용서와 화해의 경지에 도달하게 된다. 존중과 사랑의 수퍼 영양제를 받고 주면, 뇌건강을 되찾는 기적, 하나님의 손길을 체험한다.

11. 장벽을 허무는 대화기술

"세상에서 제일 움직이기 힘든 무거운 것의 하나는 한 사람과 다른 사람의 생각 사이에 있는 장벽이다." 하버드 의과대학 출신의 해부생리 학자이자 20세기 초 미국에서 가장 영향력이 큰 철학자, 심리학자였던 윌리엄 제임스(William James)가 한 말이다. 지난 40여 년간 정신과 의사를 해온 저에게도 쉽게 수긍할 수 있는 말이다.

모든 인간 사이가 그렇지만 부부, 부모자식, 동업자들이나 이웃 등 같이 일하는 사이일수록 이런 장벽이 있다. 장벽들은 처음에는 보잘 것 없어 보이지만, 시간이 갈수록 두꺼워지고 튼튼해지는 특성이 있다. 장벽은 서로 사랑하는 생산적인 부부관계나 효과적인 자녀양육에 절대적으로 걸림돌이 된다. 이런 장벽을 제거하지 않고는, 정신적 고통을 가진 분들의 진료와 치료, 회복 과정이 더욱 힘들다. 시초에 발생하는 것을 막으며 이미 생긴 장벽을 낮추거나 허무는 방법이 유효한 대화기술이다.

한 인간이 다른 인간에게 해주고 도울 일이 많다. 경제적, 물질적, 신체적, 정신적 도움이 서로 필요한 것이 인간 생활이다. 옆에 그냥 있어 주는 것이 고맙고 도움이 된다. 더 필요한 것은 인간관계다. 언제나 어디서나 꼭 있어야 살 수 있는 적절한 자양분을 받는 것이다. 이것은 나의 마음이, 나의 필요한 것이 이해받고 인정받는 것이고 최대한의 존중을 받는 것이다. 이것 없이는 어떤 인간관계도 건강할 수 없고 효율적이지 않다. 서로 자양분을 주고받는 방법이 대화기술이다.

하나님이 우리에게 주신 자녀들을 생각하자. 부모가 자식들을 낳고, 먹이고, 아프지 않게 하는 것은 기본이다. 하나의 인간을 만들기 위해 지도하고, 훈육하는 등 할 일이 많다. 대화기술을 통한 이해, 인정과 존중(이것들이 사랑) 없이는, 아무것도 제대로 이루어지지 않고 자녀들은 바르게 자라지 못한다. 부부관계도 마찬가지다. 남편을 좋은 남편으로 만드는 것은 아내의 이해, 인정과 존중이다. 아내를 그렇게 만드는 것은 남편의 더 큰 이해, 인정과 존중이다. 장벽을 허물고 좋은 인간관계를 가지며 살아가는 것은 옳은 대화기술을 나의 일부로 만들어야 가능하다.

많은 장벽들이 처음에는 튼튼해 보이지만, 조그만 구멍들이 생기면서 힘없이 무너진다. 인간 사이의 장벽도 마찬가지다. 자신감을 가지고 노력하면, 처음에는 예기치 못했던 큰 결과를 얻게 된다. 우리가 사랑을 가지고 대화기술을 배워 힘차게 나아가야 하는 이유다.

나도 지난 20년 동안 처음에는 귀동냥으로 그 다음에는 떠밀려서 한 공부와 연습을 통해 대화기술을 배웠다. 어느새 그 가르침이 흡사 나의 일부가 되었는지, 사무실로 찾아오는 환자분들이 편안해 했다. 여러 모로 내가 더 유효한 의사로 성장하는 길을 발견했나 하는 생각을 했다. 내가 더 그분들의 말과 메시지에 귀를 기울이고 공감을 표시할수록 저쪽에서도 나의 말을 더 주의해서 들었다. 집안에서 배우자와 자식과의 관계에서도 허공에다 말하거나 귀를 아예 막는 일을 예전처럼 아니하니 관계가 눈에 띨 만큼 좋아진다.

배우고 가르치는 일이 쉬운 작업이 아니다. 이런 난관을 이기며 대화기술 완성을 위해 열심을 다하는 여러분들께 늦게나마 감사를 드린다.

셋째 장

아름다운 대화기술 본론
(Assertive Beautiful Inter-Personal Communication…)

셋째 장
아름다운 대화기술 본론
(Assertive Beautiful Inter-Personal Communication…)

1. 대화의 내용과 전달법, 소통의 시대를 기대하며

이민 1세나 성인, 노년들은 대화의 중요성이나 대화기술을 어디서도 배운 적이 없다. 대화는 서로 말을 주고받는 것이란 일상 개념을 가지고 누구나 할 수 있다고 지나쳤다. 그러나 말 한마디에 사람을 살릴 수도 있고 죽일 수도 있다는 것은 익히 아는 바다. 우리가 전하고 싶은 말(내용)을 상대에게 전하고, 상대로부터 정보를 받는 언행이 지속되는 대화의 내용을 어떻게 전달하는가에 대해서는 생각지 않았다. 그 방법은 누가 구체적으로 가르치지도 배우지도 못했다. 우리는 사랑하는 사람들, 자녀와 부부관계에서 소통의 어려움을 겪으며, 화목하지 못한 가정과 불공평한 사회에 쉽게 분노한다. 서로 오해와 불신이 씨앗이 되어, 불화와 불행으로 이어진다는 것도 경험했다. 내용이 좋아도 전달하는 방법이 잘못되면, 좋은 내용이 왜곡되어 전달될 수 있다는 사실을 받아 들여야 했다. 이제야 사랑 전달법, 아름다운 대화기술은 새로운 시대에 행복을 누릴 최선의 방법이라는 것을 알게 되었다. 아름다운 인간관계를 누리는 대화기술은 누구나 익힐 수 있다. 여기에 7가지 대화기술을 소개한다. 이런 대화는 매개체인 말을 옥토마음으로 아름답게 하는 것이다. 말과 행위를 최고로 고상한 기술적으로 표현하여 상대와 사랑의 관계를 가지게 하는 대화기술이 아름다운 대화기술이다.

기독교인의 일부는 의사소통, 대화기술(Communication Skill)이 인간적인 방법이란 선입감을 가지고 거부한다. 혹자는 상담심리학 전문가나 정신신경 전문인의 전용이라고 말을 한다. 그러나 아름다운 대화기술은 인간의 존엄과 평등이라는 시대적 요구에 응하는 인간의 능력으로 어느 특정 집단의 전유물이 아니다.

2. 일곱 대화기술 소개

대화는 말(언어)이나 글, 그림, 음악… 등의 매개체를 통해 상대와 담화하거나 정보를 주고받는 의사소통 행위다. 주로 유언으로 대화하지만 무언으로도 가능하고 중요하다. 무언의 대화는 말로 하지 않고 표정, 손짓, 몸짓, 손놀림, 고개돌림 등, 글쓰기, 예술로 자신을 표현하는 대화다. 우리는 자주 둘 다 사용하여 원하는 대화를 한다.

아름다운 대화기술은 우리의 문화에 비추어, 편리하게 배우도록 일곱 가지 기술로 분류하였다.

(1) 자기관리(Self Control) 기술
(2) 정성껏 듣는 경청(Empathic Listening Skill),
(3) 공감하는 말(Empathic Responding Skill),
(4) 내 맘 말하기('내 마음' 표현하는 기술),
　　(Effective Self-Expression Skill, I Message)
(5) 지혜롭게 질문하고 답하기(Wise Questions),
(6) 격려하는 기술과 칭찬하는 말(Encouraging Skill),
(7) 분노를 순하게 표현하는 기술(Anger Control / Expression skill)

위의 대화기술은 한 두 가지 기술에 능숙해도 다른 기술이 함께하지 않으면 효율적이지 않다. 이 기술은 다양한 삶의 체험에서 갈고 닦을 때, 목표하는 효과를 기대할 수 있다.

(1) 자기(자신)관리 기술

대화시에 자기 자신을 관리하다는 것은 대화의 문을 열고, 대화를 지속하기 위한 기본적인 예의를 갖추는 것이다. 자기 관리에는 내적관리와 외적관리가 있다. 이둘은 서로 연결되어 한쪽 관리가 되면 다른 관리도 자연스럽게 따라진다. 내적관리는 마음관리를 의미한다. 마음이란 감정, 생각, 기억, 신념, 인생철학, 지식 등을 포함한 뇌의 전반적인 기능을 의미하며, 마음관리란 뇌를 관리하는 것이다. 자기관리의 첫째는, 우리의 마음을 진실이 느껴지게 관리하는 것이다. 그러면 대화기술이 마음에 없는 말을 하는 립 서비스라는 오명을 벗는다. 외적관리는 보이는 신체적 관리를 말한다. 안면의 표정, 눈, 몸짓, 태도, 손과 발놀림이 주는 첫 인상관리다. 이는 곧 대화의 관문이고 상대에게 주는 영향은 거의 절대적이다. 어느 학자에 의하면 말의 내용은 30% 이하, 표정과 몸짓 그리고 목소리는 의사소통의 70% 이상을 좌우한다고 한다.

a. 마음관리- 옥토마음 가꾸기 ― 예수님 마음 본받기
- 잠언4:23 "모든 지킬 만한 것 중에 더욱 네 마음을 지키라"
- 마태복음 11:29 "나는 마음이 온유하고 겸손하니 나의 멍에를 메고 내게 배우라 그러면 너희 마음이 쉼을 얻으리니"
- 갈라디아서 5:22-23 "오직 성령의 열매는 사랑과 희락과 화평과 오래 참음과 자비와 양선과 충성과 온유와 절제니 이 같은 것을 금지할 법이 없느니라"
- 누가복음 6:31 "남에게 대접을 받고자 하는 대로 너희도 대접하라"
- 마태복음 7:12 "그러므로 무엇이든지 남에게 대접을 받고자 하는 대로 남을 대접하라 이것이 율법이요 선지자니라"

마음을 옥토로 가꾼다는 것은 예수님의 마음밭을 닮는 것이다. 놀라운 것은 이 마음이 얼굴에 나타나 상대가 보고 느낄 수 있다는 것이다. 하나님의 지. 정. 의. 곧 예수님 마음의 중심을 닮아가는 것이다. 이웃을 진정으로 배려하고 존중하며 신뢰하면서 사랑을 주고받는 마음이다. 하나님의 형상대로 지음 받은 모든 인간은 동등하나 유일한 생명체라는 점에 가치를 두는 마음이다. 우리 모두는 소중하며 존중 받을 가치를 지니고 있다고 믿는

인성교육의 기본 마음이다. 생명과 인격을 존중하는 사랑의 마음으로 가꾸는 옥토 마음관리가 자기관리 중에 첫째로 꼽는다.

앞서 말한 대로 고린도전서 13장에서 가르치는 사랑은, 마음과 말과 행동으로 보여주는 힘이요 능력이다. 주목해야 할 점은, 사랑할 만한 사람을 사랑하고 존중할 만한 사람을 존중하는 것에 치중하지 않은 점이다. 그 일은 누구나 가능하다고 했다. 예수님은 마태복음 5:46에서 '너희가 너희를 사랑하는 자를 사랑하면 무슨 상이 있으리요, 세리도 이같이 아니하느냐?'라고 하셨다. 조건 없이 사랑하라는 말씀이다. 아름다운 대화기술의 조건은 조건 없이 존중하고 용납하고 공감하고 사랑하라는 것이다.

소통에서는 배려(Consideration), 존중(Respect), 동정(Sympathy), 공감(Empathy), 용납(Acceptance), 이해(Understanding), 동등(Equality), Compassion, 사랑 그리고 황금율과 은율의 마음가짐을 공부한다. 위의 가치들이 공기를 맑고 유익하게 하는 산소라면, 부도덕하고 무질서한 가치관은 연탄가스가 섞인 공기와 같다. 가장 바람직한 바탕은 역시 사랑이며, 무조건적인 사랑이 기초로 깔려 있는 마음밭 위에, 다른 도덕적 요소들이 그 가치를 발휘할 수 있다.

선한 언행이라도 마음이 함께 하지 않으면, 이웃이 감동하는 단계에 가기까지 멀고 힘들다. 마음 특히 감정은 내가 원하는 대로 조절하는데 어려움이 있지만, 먼저 선행을 하면 우리의 뇌가 그에 맞추어 변화하고 마음이 따른다. 옥토마음으로 선행을 하면, 이웃이 감동하고 영혼이 살아나는 은혜를 체험할 수 있다.

b. 표정 관리

　얼굴 표정은 대인관계에서 서로에게 주는 첫 인상이다. 말을 하기도 전에 표정에서 상대의 귀를 열 수도 있고 닫게도 한다. 안면의 수많은 안면근육이 마음가짐에 따라 부드럽게 혹은 사납게, 짜증스럽게 굳어진다. 사납게 굳어진 표정은 굳어진 마음을 의미한다. 마음은 안면근육에서 보이고, 안면근육의 긴장은 목소리 근육에 영향을 준다. 우리가 대화를 시작하려면 얼굴을 마주하는 것이 기본인데, 마주 보는 얼굴 표정에 따라 대화의 질과 방향이 정해진다. 어느 상황에서나 부드러운 첫 인상이 긍정적 호감을 준다. 보통 때는 살짝 웃는 표정, 입 꼬리를 올리고 눈과 눈썹을 미소할 때처럼 위로 약간 움직인다.

　상을 찡그리거나 차갑고 냉기가 흐르는 표정, 화난 표정, 무서운 표정은 불안하고 불행해 보이는 표정이다. 10년 이상 늙어 보이는 것은 물론 가까이 하기 싫은 사람이다. 상대에게 불쾌감과 위압감과 무시당하는 느낌을 준다. 화가 난 경우에는 적어도 모나리자 미소를 지을 수 있도록 연습한다. 기분이 상하거나 화가 나거나 급하거나 강조해서 말을 해야 할 때 특히 조심해야 한다. 자신도 모르게 상을 찌푸리는 습관이 있으면 목소리도 커지고 따라서 짜증스럽게 나온다. 상대가 화난 상태라고 오해할 확률이 높다. 더 이상 말을 이어 가지 못하고 싸움으로 이어지기도 한다. 이는 의식적으로 거울 앞에서 연습을 하면 효과적으로 고쳐진다.

　대화기술이 뇌에 미치는 영향은 안면에서부터 관찰할 수 있다. 대화기술을 배우기 전에는 표정이 어둡고 깊이 찡그린 주름 사이에 때가 끼듯이 경직되고 웃어도 울거나 화난 모습으로 비친다. 나는 '불행하다'라고 안면에 써 있다고나 할까! 대화기술을 배우고 자신과 가정이 화목해지면, 안면근육이 이완되어 편안하게 보인다. 마주치면 몰라 볼 정도로 아름다워지고 더 젊어 보이는 놀라운 사실을 접한다.

c. 목소리 관리

성대에서 나오는 소리는 입술과 혀를 사용해서 원하는 말을 한다. 말하는 투와 억양에 따라 상대가 오해할 여지가 충분하다. 문제가 작아지거나 원래의 문제보다 더 커지기도 한다. 정제되지 않은 소리는 감정에 따라 높낮이와 음향이 다르게 나온다. 상황에 맞추어 목소리를 관리하는 것은 여러 면에서 유익하다. 아름다운 소리로 말을 하기 위해 목소리 관리를 해야 한다. 화가 날 경우 고성은 상황을 악화시키고, 자신과 상대에게 상처를 남긴다. 이럴 때 소리 옥타브를 낮추어 낮은 소리를 내도록 관리해야 한다.

훈계를 한다거나 화가 나는 경우에는, 더욱 차분하게 목소리 관리를 해야 효과적이다. 약간 웃는 표정을 지으면, 성대와 안면 근육이 작용하여 그에 맞는 소리가 나온다. 상을 찡그리고 목소리를 높이면, 상대는 훨씬 더 강하게 화를 낸다고 느낀다. 우리의 대화문화 중의 하나가 목소리가 높은 것이다. 감정 상태에 상관없이 조용하게 말하는 버릇은, 주위를 편안하고 안정된 느낌을 갖게 한다. 입술과 혀를 정확하고 아름답게 말하는 습관을 익히면, 상냥하고 부드러운 말씨로 대화를 이어갈 수 있다.

d. 눈과 눈동자 관리

눈은 마음을 담고 있다고 할 만큼 마음을 비추기 때문에, 눈 관리와 눈동자 관리가 중요하다. 눈 주위의 근육을 부드럽고 편안하게 미소로 유지하며 시선을 상대에게 두고 대화하는 것은 아름다움과 젊음을 유지하는데도 도움이 된다. 이곳에서는 '이리와, 나를 보고 얘기하자'(Come Here, Look At Me And Let's Talk)라는 말을 흔히 듣는다. 눈높이에서 서로 마주 바라보며 얘기하자는 것이다. 부드럽게 눈과 눈이 마주할 때 대화는 이미 시작된 것이다.

심각한 상황이거나 화난 상태에서는 특별히 주의를 요한다. 눈을 바라보되 뚫어지게 보거나 눈을 치켜뜨거나 흘기거나 딴 곳을 바라보는 등 적절치 못하게 관리하는 것은 상대를 혼동시킨다. 이는 무관심하거나 무시하는 의도로 받아져서 대화를 이어가기 어렵다. 우리가 의식적으로 눈을 관리해야 하는 이유다.

e. 말 관리

말 관리는 어느 경우에도 필수다. '무슨 말을 골라서 하느냐'에서 '같은 말을 어떻게 해서 전하느냐'까지 관리를 해야 한다. 말을 조심해서 골라 하지 못하면 힘든 상황이 더욱 힘들어 진다. 말은 될 수 있는 한 간단하게 해야 후회할 말을 걸러서 할 수 있다. 막말은 절대로 하지 않는다는 철칙을 세우는 것도 불화예방에 도움이 된다. 말이 길면 의도하지 않은 실수를 범하기 쉽다.

남을 탓하거나 비하하거나 비꼬거나 남의 흉을 보는 말버릇은,

불화를 일으키는 지름길이다. 잔소리, 같은 말 되풀이, 상스러운 말로 욕을 한다든지 악을 쓰며 대드는 말은 상대의 귀와 마음을 닫게 한다. 상대의 과거사나 약점을 꼬집는 말은 싸움을 거는 것과 같다. 삶의 윤활유 역할을 하는 농담도 남의 약점을 주제로 하는 것은 미성숙의 일면이다.

"지혜로운 자의 마음은 그의 입을 슬기롭게 하고 또 그의 입술에 지식을 더하느니라"(잠언 16:23)

f. 태도와 몸짓관리

태도나 몸짓관리는 경우에 따라서 상당히 영향력이 있으나, 문화적 차이를 염두에 두어야 한다. 몸은 나를 향하고 있는데 눈은 딴 사람을 바라보며 미소를 짓거나 고개를 끄덕인다면, 나는 무시당한 느낌을 받았을 것이다. 상대는 나에게 무례를 한 것이다. 몸과 눈이 동시에 상대를 향해 있어야, 바른 대화가 시작된다. 직장이나 공동체 내에서 동료 사이, 남녀 사이에서는 그 문화나 법에 맞게 예의를 지켜야 대화가 가능하다.

무성의한 어깨 짓, 무시하는 태도, 고개를 가로젓거나, 주먹질이나 손가락을 치켜세우는 손놀림 등의 행동은 상대가 무시당했다는 마음을 갖는다. 싸움이나 위협을 나타내는 몸짓, '너 오늘 죽었다!' '너 맛 좀 봐야 알겠어!' 등의 행위로 인해 작은 문제가 크게 확대될 수 있다. 누구에게나 언제든지 성의 있는 태도, 신중함, 친절함 등의 긍정적 태도는 상대로 하여금 존중받고 있다는 마음을 갖게 하여 관계를 향상하는 데 도움이 된다.

g. 스킨 쉽 관리

스킨 쉽으로 사랑을 표시하는 것은 강력한 힘이 있다. 몸을 쓰다듬거나 입맞춤이나 포옹은 부모 자녀와 부부에서는 긍정적인 경우가 대부분이나 문화적 차이가 크다. 언제 어느 부분을 어떻게 접촉하느냐는 상당히 예민한 사안이다. 한계를 모르면 법적인제제도 감수해야 한다. 부녀 사이, 직장인 사이나 친구 끼리에서도 직접적인 접촉에 한계를 알아야 오해 없이 관계를 유지할 수 있다.

h. 분노(감정)관리

분노관리는 분노가 빨리 발동하고 발산하는 것을 지연시키는 작업이다. 감정에서 생각으로 빨리 전환해서 생각하는 시간을 버는 관리다. 빨리 빨리는 우리 한국사람의 큰 장점이나 분을 다스리는 데는 어려움이 따른다.

감정은 우리의 삶에서 언행으로 나타난다. 우리의 언행이 부정적인 감정에 의해 조절되는 것을 관리하는 것이 중요한 이유다. 특히 분노는 시작하는 순간에 관리해야 퍼지는 것을 막을 수 있다. 그렇지 않으면 쉽게 화를 부르고 전염병처럼 빠르게 불화로 이어진다.

화가 날 때 즉시 다스려 과격한 표현을 예방하는 방법을 훈련한다. "나는 화가 많이 난다. 나의 뇌가 상한다. 여기서 화냄을 멈추자"라고 자신에게 말한다. 감정이 자신을 조절하지 못하게 자제하는 것이다. 2-3초의 참음은 분노를 잠재우는 시초가 된다. 기도, 기침, 손씻기, 속으로 말하기, 노래하기, 청소… 등 여러 가지 방법을 이용하여 생각하는 시간을 갖게 훈련한다. 즉흥적으로 남과 자기에게 해가 되는 말과 행동을 피하자는 것이다. 그렇다고 분노를 마음에 담아두자는 것이 아니다. 적절하게 표현해야 한다. 우리의 뇌가 부정적 감정(분노)을 긍정적 생각으로 관리가 되어야, 일곱 번째 대화기술인 분노표현 대화기술을 쉽게 익힐 수 있다. 분노 감정과 표현은 직접적인 연관성이 있어 4장에서 구체적으로 다룬다.

i. 생각 관리, 부정적인 생각은 부정적인 삶을, 긍정적인 생각은 긍정적인 삶을

마음의 요소에 생각이 중요하게 자리 잡고 있다. 인간은 생각할 수 있어서 존재하고 이 생각에 따라 내가 움직인다고 한다. 어느 때 무슨 생각을 하는가? 어떻게 삶에 긍정적으로 적용하는가? 등에 따라 우리의 삶이 달라진다. 정적 사고는 긍정적 사고로 변화할 수 있다는 뇌의 기능을 배웠다. 이는 지속적인 지식과 훈련을 요하는 학습과정에 의해 가능하다. 정신건강 정신질환 교육에서 자세하게 교육하고 훈련한다.

자신을 관리한다는 것은 대화의 처음부터 끝까지 자신이 책임지는 과정이다. 복잡한 자기관리 과정이 정리되면 다음 단계의 대화가 쉽게 된다. 관리를 먼저 시도하면서 아름다운 대화를 하면 마음이 옥토가 되고, 옥토의 마음을 가지고 언행을 하는 것이 예수님을 닮아가는 것이다.

(2) 듣는 기술, 경청(Good Listening, Empathic Listening Skill)

"그러므로 나의 사랑하는 형제들아 사람마다 듣기는 빨리 하고 말하기는 더디 하며 성내기도 더디 하라"(약 1: 19)

a. 경청은 능동적 행위 - 두 귀를 세우고

경청은 상대의 말에 두 귀를 세우고 성의를 다해 듣는 긍정적이고 능동적 대화기술이다. '내가 존중 받고 있다, 나를 진지하게 알아준다, 나에게 관심이 있다'고 느끼도록 듣는 행위다. 화자가 인격적 대우를 받는다고 느낀다. 열심히 들어야 하는 다른 중요한 이유가 있다. 화자의 말이나 행동에 대한 오해를 최소화하고 정확한 정보를 수집할 수 있기 때문이다. 경청은 수동적으로 들리는 말만 듣는 것이 아니다. 자기가 듣고 싶은 말만 선택해서 듣는 것도 아니다. 싫거나 좋거나, 사리에 맞거나 맞지 않거나, 상대의 말에 따라 결정되는 것도 아니다. 내 심정이나 생각, 지식, 의견 등을 가지고 내 잣대로 평가하거나 비판하며 듣지 않는다. 옥토마음이 행위로 나타나는 시작이요 끝이고 처음부터 끝까지, 내 책임아래 이루어지는 능동적 행위가 경청이다.

화자는 상대가 경청하리라 기대하고 말을 한다. 존중과 관심을 받고 싶어 하는 욕구가 경청을 통해 충족되었을 때, 대화다운 대화가 지속된다. 내가 말을 하는데 경청하는 사람과 딴청 하는 사람이 있다면, 누구를 선호하겠는가! 누군가에게 말을 걸었는데 딴청 하는 사람에게 호감이 갈 수 없다. 상대가 자기를 거부하거나 무시하거나 관심이 없는 것으로 여겨 대화의 문이 닫힌다. 경청한 후에 청자의 적절한 반응이 있어야 대화가 이루어진다. 듣고 돌아서거나 반박하거나 변명하는 반응은 불화의 지름길이다. 말한 사람의 주제에 관심을 주는 존중의 대화, 공감의 말로 반응하는 대화를 잊지 말아야 한다.

b. 경청 기술은 옥토마음으로

상대가 말을 시작하면 '나는 들을 준비가 되었다'는 행위가 즉각적으로 일어나야 한다. 상대가 누구든(나이 어린 자녀라도) 하고 있던 모든 행동을 멈추고 말하는 사람을 향해 마주한다. 표정을 부드럽게 관리하고 눈높이로 키를 맞추고 눈과 눈 주위를 다정하게 바라보며 여유를 가지고 침착한 태도로 상대방을 대한다. 청자가 신문을 보거나 전화기를 들여다보거나 자기 하던 일을 지속하는 것은 불화의 시초가 되기 십상이다. 상대가 말을 계속하고 있는 동안에, 자기 의견, 생각, 기분, 과거사, 충고, 잘못, 오해풀기 등, 자기 말은 뒤로 미루어 놓는다. 상대의 말이 사리나 상황에 어긋나거나 다 아는 내용이더라도 경청의 자세는 지속해야 한다. 마음에 들지 않는 내용, 이해 못할 내용이라도 중간에 말을 자르지 않고 말이 끝날 때까지 기다리며 듣는 것이 관심과 존중의 표시이자 대화의 예의다.

듣는 중에 긍정적인 간단한 표현은 말하는 사람에게 편안함을 준다.

'그러셨군요' '그래서요?' '정말 그랬겠네요' 등의 간단한 공감표현으로 반응하며 고개를 끄덕이기도 하는 등, 듣고 있다는 반응을 한다. 어떠한 경우에도 목소리는 낮추며 표정관리를 한다. 상을 찡그리지 않고 상냥한 미소 혹은 모나리자 미소를 띤다. 특히 자녀일 경우에, 얘기 도중 틈틈이 머리를 쓰다듬거나 안아주어 부모가 관심이 있고 사랑하고 있음을 표시한다.

자녀의 예를 들어보자. 어릴 때 수다스럽게 얘기를 많이 하거나 엉뚱한 소리로 속이 상할 때라도 정성껏 들어야 한다. 같은 키로 얼굴을 마주하고 그들의 느낌을 존중해 주는 표현(공감반응)을 한다. 부모는 자녀가 감정을 표현하도록 잘 들어야 한다. 자녀는 물론, 남의 이야기를 들을 때 내 의견, 내 생각, 내 신념, 내 심정으로 끼어들어 말을 자르거나 충고를 하지 않는다. 말하고 있는 사람에게 면박을 주거나 무시하는 언행은 화자가 모욕감을 갖는다. 상대의 체면을 살려 주지 못하는 대화다. 대화의 문은 닫히고 쉽게 상처를 줄 수 있다. 사람은 자신의 말을 경청해주는 모습에서 경청을 본받게 되고, 자기는 존중받는다고 생각한다. 이런 대우를 받은 사람은 (자녀는) 상대의 (부모의) 말을 경청하고 존중한다.

경청은 말하는 사람도 자기 말을 잘 들어야 한다. 자신의 목소리와 말의 내용을 듣고 자신의 마음을 분석할 수 있으면, 자기감정이나 목소리 톤을 조절하는데 많은 도움이 된다. 자기관리와 동시에 경청을 할 수 있도록, 옆 사람과 마주보거나 혼자라도 연습한다. 의사소통시 대화는 듣는 것으로 시작해서 듣는 것으로 끝날 때, 가장 바람직한 대화를 한 것이고 최선의 목적을 달성했다 할 수 있다. 말은 서로 하되 상대 말을 듣는 일이 내 말하기보다 앞서야 한다. 경청은 가족은 물론 사회생활 전반에 걸쳐 대부분의 인간관계에서 실천해야 하는 필수적 의무다.

(3) 공감대화기술(심정 알아주기), 존중과 사랑의 표현방법

(Empathic Responding Skill, Active listening, Reflective listening)

인간의 소프트 스킬(Life Soft Skill) 중에, 아름다운 대화기술이 필수적인 기술이고, 공감대화기술은 대화기술의 노른자다. 대화기술의 오른 팔이 공감반응 기술이라면, 내 마음 전달기술은 왼 팔이라 할 만큼, 두 기술이 축을 이루며 대인관계에 몫을 담당한다. 우리는 습관적으로, 두 기술을 구별 없이 사용하기 때문에, 배우는 것이 난해할 수 있다. 이 두 기술은 상대에 대한 심정적 배려와 소통방식의 관점에서 현저하게 차이가 있다. 하나는 상대의 말을 듣고 반응화답 하는 공감의 말이고, 다른 하나는 자신이 하고 싶은 말을 하는 내 마음 전달 기술이다. 이 두 가지 대화기술의 컨셉이 다르다는 것을 분명하게 인지할 때 비로소 우리의 대화는 달라지고 쉽게 발전한다. 이 기술은 어려서부터 학습을 통해 지속적으로 배우고 발전하는 것인데 IQ에 의거한 지적 기계적인 기술이 아니다. EQ(감정지수)를 관장하는 뇌의 변연계와 인간됨을 좌우하는 고급 뇌와 깊은 관련이 있는 기술이다.

a. 공감대화기술은 황금율을 적용하는 대화기술이다

'내가 받고 싶은 대로 남에게 그렇게 하라, 내가 사랑 받고 싶은 대로 남에게 사랑을 주라'는 황금율은 '네 이웃을 네 몸과 같이 사랑하라'는 명령을 실천하는 원칙이다.

'기뻐하는 사람이 있으면 함께 기뻐해 주고 우는 사람이 있으면 함께 울어 주십시오. 서로 한 마음이 되십시오.'(롬 12:15 공동번역)라는 말씀이 있다. 기뻐하는 사람이 있으면 그의 기쁨에 진정으로 함께하고 우는 사람이 있으면 함께 울라는 말씀이다. 공감하는 마음으로 대화하고 이에 걸맞는 행위를 의미한다. 공감 대화기술은 함께 기뻐하면 기쁨이 배로 늘어나고, 슬픔을 공유하면 슬픔이 반으로 줄게 하는 위력이 있다. 공감 한마디는 사람을 감동시키고, 죽어가는 사람이 희망을 되찾는 기적을 일으킨다. 이러한 공감의 위력은 황금율을 원칙으로 삼고 대화할 때 비로소 발휘된다.

b. 공감의 힘

공감(Empathy)이란 어떤 사람이 당면해 있는 상황을 내가 보거나 들으면서, 그 사람이 느끼는 마음에 함께하는 것이다. 제대로 공감을 할 수 있는 사람은 힘이 있다. 사람을 감동시키고 세워주고 살리는 힘, 곧 인간의 참 능력이다. 이 능력을 언어로 표현하는 것이 공감적 대화고 언어적 표현방법이(어떻게) 공감대화기술이다. 이는 상당히 높은 차원의 마음상태이고, 공감기술은 인간이 지닐 수 있는 가장 고상한 기술이다. 이 기술을 학습해서 내 것이 되어야 공감의 힘이 발휘된다.

재언하는데, 대화가 소통으로 이어지려면 경청 후에 반드시 화답을 해야 가능하다. 상대의 말에 무조건 공감하는 말로 화답(응답)하는 사이는 화목을 보장하는 사랑의 관계라 할 수 있다. 공감을 받은 상대는 존중받고, 신뢰받으며, 인정받고 있는 모습 그대로 받아준다고 느낀다. '저 사람은 나를 이해하는 구나, 사랑해'라는 마음이 든다. 나같이 잘못한 사람인데도 불구하고 기대이상으로 인격적 대접을 받는다는 감동으로 이어진다. 서로 마음을 나누고 공감하여 한 마음이 되는 관계가 된다. 불화한 마음이 화목하고 분노를 잠재우며, 얼음 같은 마음을 녹이는 공감대화기술은 사랑전달 방법이다. 상처치유의 처방전인 사랑주기의 중심에는, 반드시 공감대화기술이 있다.

현시대에 사는 우리는, 물질이 풍부한 만큼 마음은 메마르고 가난하다. 존중과 사랑 그리고 화목이 효과적인 대화기술과 선한 행위를 통해 우리에게 부어지기를 간절히 바란다.

c. 나의 응답(화답)은 내 말인가? 공감인가?

상대가 어느 때 무슨 말을 하던, 우리는 반드시 반응을 보여야 한다고 했다. 어떻게 반응하느냐에 따라 소통의 가부가 결정된다. 나는 어떻게 반응하고 있었나? 나를 방어하기 위해 응답했나? 내 생각을 가지고 응답했나? 상대를 가리키려 열변을 토했나? 나의 마음, 언행을 이해시키려 열심이었나? 나의 응답 방식은 남에게 도움을 주는가? 아니면 실족시키나? 나의 대화 모습은 진정으로 이웃을 배려하는가? 하는 과제를 고민해 보는 것은 공감을 이해하고 학습하는데 도움이 된다. 우리는 상대가 거기에 존재한다는 것을 인지하는 반응을 할 때 소통이 되는 대화를 하는 것이다. 반응하는 방식을 다음과 같이 나누어 본다.

첫째가, 자기 생각이나 의견을 말하는 응답이다. 가정이 어려워 하소연하는 친구가 있었다. 나는 그를 위해 최선의 해결책이라고 믿는 나의 의견을 말했다. 고심해서 생각해 낸 나의 의견이 거부당했다면, 섭섭하기까지 하다. 누가 말할 때(화자) 나의 생각을 말하는 것은 우리의 일상적인 반응이다. 자연스럽게 나오는 나의 응답은, 상대의 고통을 해결하는 방법이거나 이에 따른 충고가 대부분이다. 상대의 상황과 고통을 해결하기 위한 답을 주려고 애쓴다. 만약 상대(화자)가 시큰둥한 모습을 보이거나 화를 낸다면, 나의 충언을 달가워하지 않거나 무시당하는 것 같아 무안하고 실망스럽다. 혹시 못 알아들은 것 같아 내 생각이나 지식을 이해시키려 더 열심히 말한다. 대화가 잘 이루어지지 않는 이유 중의 한 모습이다.

둘째는, 어떤 종류의 반응도 하지 않는 무반응 응답이다. 마치 아무 소리도 못들은 것처럼. 관심이 없거나 자기도취에 빠진 사람이다. 성의 없는 반응 또한 상대를 불쾌하거나 무시한다고 느끼게 하는 반응이다. 불화를 자초하는 대화다.

셋째는, 말하는 사람을 나무라거나, 비판이나 비난까지 곁들인다. "그 정도의 일로 그렇게 화를 내는 것은 너무해." "저 사람을 봐, 너는 복에 겨워 그러는구나." "잔소리 안 듣게 잘하면 왜 잔소리를 하겠니?" 등의 응답은 불난데 부채질하는 것과 다름이 없다.

넷째는, 넘겨 집거나 분석하고 해석하고 변명을 하기도 한다. "너는 이래서 그럴 거야." "네가 스트레스를 많이 받아서 그래." "내가 한 말은 그런 것이 아니라 널 생각해서 한 건데 그걸 가지고 그러니?" 등으로 반응하는 것이다. 나(청자)의 대답에 상대(화자)의 심기는 불편해진다. 화자가 거부반응을 갖고 자기 변명과 방어적인 말을 하게 하는 말이다. 이런 대화는 자기보호 방어태세를 가지기 때문에 불화한 관계로 쉽게 간다.

다섯째는, 일상적으로 사용하는 위로의 말이다. "그까짓거 잊어버려. 나 같은 사람도 있어. 이보다 훨씬 힘든 상황을 이겨냈는데, 너야 머리 좋잖아.""다 잘 될 거야.""넌 딸이 둘이나 있잖니! 나같이 아들만 있는 사람도 있는데.""이제 그만해! 그때는 그럴 수밖에 없었어, 미안해." 등은 속빈 강정같이 들리는 빈 말이다. 효과 가치가 낮다. "하나님이 지켜 주셔.""기도할게.""성경에 욥의 얘기를 읽어봐." 등의 말이 위로가 되지만 한계를 느낄 때가 많다. 때에 따라서는 죄의식을 갖게 하거나 심지어 교회를 떠나는 사례도 있다.

여섯째는, 공감적 반응이다. 공감으로 화답하는 것인데, 위에서 예를 든 친구는 자기의 어려움을 상대가 알아주기를 바라고 말을 했다. 원하는 것을 얻지 못한 것은 물론, 자기의 고통이 별 것 아니라는 메시지를 받고 더 실망할 수 있다. 일상적인 우리식 소통방법은 대부분 공감적 대화가 아니고 내 생각 퍼주기 대화다. '남의 말에 반응을 어떻게 하느냐'는 관계형성에 상당히 큰 영향을 준다. 반응에 따라 상대의 마음은 하늘과 땅 사이를 오가고, 말하는 자신도 마찬가지가 된다. 공감에 대해 이해하고 말로 표현하는 기술을 훈련 학습하는 시간을 충분히 갖기 바란다.

d. 공감대화는 조건 없는 사랑의 표시

현시대에 사는 우리는 조건 없는 공감에 갈급해 있다. 다시 말해서 진정한 이웃의 배려와 관심 그리고 사랑에 굶주리고 있다는 의미다. 세상 잣대로는 사랑할 수 없고 이해할 수 없는 사람들이 있다. 이들을 조건 없이 사랑하는 것이 우리에게 주어진 계명이다. 무조건 공감기술을 익혀야 하는 이유다.

공감(Empathy)은 인간 내면(마음)을 긍정적으로 움직이는 강력한 힘이 있다. 행복을 보장 받는 가장 고상한 인간의 기술이다. 공감(반응) 대화기술은 불화를 화목케 하고, 실족한 사람을 살리고 상처를 치유하는 특효약이다. 사랑을 전하는 공감대화기술(Empathic Communication Skill)은 조건 없이 서로 할 때 최대의 효과, 사랑의 극치를 맛볼 수 있다. 따라서 뇌건강에 최고의 효과를 준다. 조건 없이 경청하고, 조건 없이 자기를 절제하고, 조건 없이 공감하는 것이 조건이다. 상대가 고쳐야 함에도 불구하고 존중하고 받아주고 믿어주면서 돌보는 언행이다. 처음에는 자연스럽지 못해 몹시 불편하다. 자신의 자연스러운 모습이 아니고 인위적인 립 서비스를 하는 것 같다. 저쪽이 잘못했는데 이쪽이 변해야 하는 것 같아 억울하다는 생각도 든다. 잘못은 저쪽인데 왜 내가 먼저 공감해야 하냐고 밑지는 마음이 들 때가 한두 번이 아니다. 어떠한 상황에서든지 잘잘못을 떠나 내가 내 자신을 위해서 혹은 가족을 위해서 할 수 있는 일이 있는가? 무엇이 최선인가에 대해 기도하고 고민하는 것이 발전의 시작이다.

e. …할지라도, 그럼에도 불구하고(Regardless) 공감한다

공감하는데 조건이 없다. 상대의 생각이나 의견이 나와 다름에도 불구하고, 내가 이해할 수 없을지라도 무조건 공감해야 그 가치가 드러난다. 부족한 인간이 남을 온전히 이해할 수 없고, 그 정확성을 누구도 보장할 수 없다. 우리가 자기 자신도 모르는 경우가 허다 한데, 더구나 남을 이해한다는 것은 나 자신의 일이 아니다. 남을 다 이해한다는 것은 말처럼 쉽지 않다. 나의 제한

적인 능력의 한계를 뛰어 넘는 작업이다. 단지 그 사람의 마음에 동참해서 알아가려고 함께 노력할 때 이해한다고 느낄 뿐이다.

상대가 나를 핍박 할지라도, 상처를 주더라도, 나를 미워하더도, 억울할지라도, 공감을 할 수 있는 사람은 예수님을 닮은 성숙한 사람이다. 상대가 하는 말의 주제를 중심(Core)으로 이 주제가 끝날 때까지 열심히 듣고 존중하는 태도로 대화에 임한다. 상대의 상처가 나로 인한 것이라면(나는 그렇게 생각하지 않지만), 상대의 상처가 아물 때까지 그 아픔에 공감을 한다. 마음이 편안해질 때까지 공감반응을 10번이나 20번, 70번을 한다. 공감대화는 자신의 생각이 더 옳더라도 상대를 비판하거나 옳고 그름을 따지지 않는다. 내 주장을 앞세워 말하지도 않는다. 진정한 공감은 자신의 생각이나 의견을 내려놓을 때 비로소 가능하다. 자기를 나타내지 않아야 상대를 배려하고 존중하고 인정하는 나의 마음이 상대에게 전달된다. 이런 소통을 한 후의 자신과 상대는 한 단계 더 성숙해진 것을 체험한다.

"비판을 받지 아니하려거든 비판하지 말라"(마 7:1)

f. 공감(반응)대화기술 훈련

(Empathic Responding Skill, Active listening, Reflective listening)

공감대화기술의 첫 걸음은 말하는 상대의 말에 토 달지 말고, 비판하지 않으며, "그래, 그렇군요." "그럴 수 있군요." 등으로 수긍하는 것이다.

다른 방법은 상대가 하는 말을 듣고 반사해서 말하는 대화 (Reflective Listening Skill, Active Listening)기술이다. '메아리(산울

림) 대화기술'이라 해도 좋다. 상대가 하는 말을 가감 없이 내 마음에 가져왔다가 그대로 되돌려 말하는 방법이다. "그래, 엄마가 잔소리를 너무 하니까 집에 오고 싶지 않아!"라고 한다면 잔소리 때문에 집에 오기 싫은 아이의 심정에 동참하여 그대로 알아주는 것이다. "그래, 엄마 잔소리가 싫어서 집에 오기 싫었구나."라고 반응한다. 엄마는 '아이가 내 잔소리가 싫어서 집에 오기 싫다'라는 자녀의 말에 그대로 반응하는 것이 공감반응이다. '사랑해' 하고 소리치면 '사랑해' 하고 되돌아오는 메아리 같이 상대가 한 말을 상대에게 그대로 전하는 것이다. 그 사람이 얘기하는 대로 마음에 가져갔다가 똑 같은 말을 사용해서 돌려주면 오해 없이 자기 말을 잘 들었다고 믿는다. 이때 경청 기술을 최대로 활용해서, 말을 놓치지 않고 들어야, 쉽게 반사 경청 기술을 사용할 수 있다.

공감하는 말은 간단하나, 말하는 사람의 말에 전적으로 함께해야 효과적이다. 내 말을 많이 하게 되면 충고하거나 원하지도 않는 답을 주게 된다. 이러면 공감의 효과를 손상하게 되며 원래의 의도에서 이탈되는 결과가 생긴다. 의도치 않게 상처를 주거나 오해를 사서 억울하게 손해를 본다. 이런 기술이 없거나 부족하면, 자녀들은 엄마가 자기를 이해하지 못한다고 여기고, 동료들은 인간성이 부족하거나, 친밀하지 않다고 느낀다.

공감기술은 말하고 있는 사람(화자)이 주연이다. 반응하는 사람, 공감(응답)자는 이에 발을 맞추는데 충실해야 하는 기술자이기 때문에 조연이라 하겠다. 상대가 특정 주제에 대해 대화를 시작하면 듣고 공감하는 사람은 가장 아름다운 조연역할을 하고 있는 것이다. 이렇게 충분히 공감하는 사람은 이웃을 care하는 치유자의 모습이고 성숙한 성품의 사람이다.

  g. 공감대화기술 적용훈련
공감표현은 진지하고 짧게…심정을 알아주는 반응
    그랬구나, 참 즐거웠구나, 그렇구나, 그렇겠다, 그래서? 너무 힘들겠다.
    그렇게 느꼈구나, 정말 속상하겠다. 네 생각이 그렇구나. 많이 괴로우시겠어요.
    그러면 지루하고 속상하지. 그러게 말이야. 그럼, 그렇지. 그렇구말구!
    Oh! I see, Aha! I got it, Yes! Really!, Is that right!, Of Course.
    For Sure! Right! Absolutely! I am with you, You feel uncomfortable.

"엄마! 왜 점심을 안 갖다 줬어? 배가 너무 고파서 아무것도 못했어!"
  (X) "이젠 안 갖다 준다고 했지! 네 것은 네가 알아서 잘 챙기라고 했어? 안했어?"
  (O) "점심을 못 먹어서 배가 고팠구나. 힘들었겠다."

"영이가 친구들을 다 초청했는데 난 그날 심부름 가야 하니까 못 가요. 그 심부름 다른 날 가면 안돼요?"

(X) "못 갈수도 있지, 살다보면 그럴 때도 있는 거란다."
(X) "그까짓 친구 집에 못 가서 난리니? 매일 같이 놀잖아!?"
(O) "영이가 초청했는데 못 가게 돼서 정말 속상하구나."

"골프모임에서 문제가 있었는데 총무인 내 책임이라나, 원!"
  (X) "정말 형편없는 친구들이네. 당신이 그동안 어떻게 했는데. 그게 친구야!!"
  (X) "당신이 착하니까 또 그러네요."
  (X) "이젠 나가지 말아요."
  (O) "문제가 당신 때문이라고 해서 당신 정말 황당하고 속상하셨겠네요."
    "그럴 때 당신은 잘 참고 해결해요. 수고 많았어요."

"꽃이 활짝 피었네. 코스모스가 예쁘다!."
  (X) "여름에 코스모스라니, 캘리포니아는 꽃이 너무 흔해!"
  (O) "코스모스가 활짝 폈네. 예쁘구나. 넌 어떤 색 꽃이 좋으니?"

"숙제가 너무 많아, 학교 가기 싫어, 밥 먹기두 싫어요."
  (X) "네가 하는 게 뭐가 있니? 공부 한 가지 하는 게 그렇게도 어려워!"
  (O) "숙제가 많아 힘들구나. 밥 먹기도 싫구!"

"이 더위에 밖에서 30분이나 기다리게 하면 어떻게요? 너무 더워요."
    (X) "내가 놀다오니? 은행 일이랑 가게 일 때문에 늦었어. 오느라고 열심히 온 거야"
    (X) "미안해! …"
    (O) "더운데 오래 기다려서 더웠겠다. 힘들었지? 미안해!"
        (표정도 함께)

"엄마는 저번에도 늦게 오구…"
    (X) "그만해, 저번 얘기는 왜 꺼내니?"
    (O) "저번에도 늦고 오늘도 늦어서 정말 힘들었구나. 시원한 쥬스 마시러 가자."(다정하게)

    h. 한 이방 여인의 이야기 - 경청과 공감의 위력

  병리학전문의사로 시작한 아내가 아이가 생기고 나서 가정주치의로 변신하더니, 막내아들이 대학 들어가고 나서 개업을 완전히 접었다. 이제쯤 의업이 무엇인지 조금 알기 시작할 때 그만두는 이유를 궁금해 했지만 차마 그때엔 묻지 않았다. 사실은 아내는 얼마 전부터 성경공부를 부지런히 하면서 부모자녀 사이의 대화와 parenting에 관한 책들을 열심히 읽고 여기저기 가서 배웠다. 이러는 중에 일어난 일 한 가지를 여기 쓰고 나의 생각을 담아 보려 한다.

  아내는 자기 사무실을 닫은 후, 내 사무실에서 많은 시간을 보냈다. 주로 한국말하는 교포를 상대로 대화교육상담을 하던 어느 날, 그때 내가 입원환자를 치료하는 큰 병원의 소개라며 한 외국인 여자가 도움을 청했다. 주저하는 아내에게 이 여인은 자신이 결혼과 가정문제로 심히 괴로워서 꼭 만나야 한다며 막무가내였다. 미국에 와서 전문교육을 받은 이란 출신의 여성이었다.

파키스탄 출신 남편과 결혼한 지 삼년동안은, 그럭저럭 큰 문제없이 살아온 이 전문직 부부에게 문제가 생겼다. 시어머니가 아들 부부와 같이 육 개월 간 살기로 하고 삼 개월 전에 도착한 후였다. 며느리는 말 안 통하는 시어머니에게 가능하면 많이 미소를 띠고 잘하려 노력했다. 그러나 한 달을 못 넘기고 남편의 불만 불평이 시작되더니 날이 갈수록 심해졌다. 불평의 많은 부분은 음식이었다. 짜다는 음식을 노력해서 바꾸면, 틀림없이 너무 싱겁다 했고 조금 더 손질하면 맵다는 불평이었다. 그전에는 음식이나 어디에도 찍소리 하나 없었던 남편이었다. 거의 쉬지 않고 화내며 어쩔 줄 몰라 하고 불행해 하는 마음, 말과 표정을 어떻게 할 방법이 없었다. 남편은 급기야 식음을 못하는 어머니가 불쌍하다고 탄식을 멈추지 못했다. 이를 본 여인은 아내에게 전화를 한 것이다.

아내는 자신은 의사이지만 전문 심리상담사가 아니라고 물러서려 했다. 이 여인은 병원 소셜 워커에게서 소개받았다며 더 매달렸다. 서로 조금씩은 서투른 영어로, 가능하면 짧은 시간에 효과를 보겠다며 아내가 그 여인에게 가르친 것은 다음과 같다.

"남편이 음식이 짜다고 하면 우선 진지한 표정을 띠며 들어주고 당신 입맛에 정말 짜다고 동의를 먼저 하라. 그런 후에 다른 음식을 새로 할까 하고 물어보라. 엄마 혈압에 신경을 쓰고 불안해 하는 남편에게는 '정말 당신 걱정되는 구나'라고 그의 감정을 알아주고 인정하라. 남편이나 그의 어머니의 입맛이나 생각을 절대로 부정하거나 비판하지 말고 그럴 수 있구나 하고 받아들여라. 이렇게 토를 달지 않고 받아 드리는 대답 반응을, 필요한 데로 몇 번씩이고 반복해서 상대가 진정할 때까지 계속해라. 그런 후에야 이쪽이 생각하는 해결책을 조심스럽게 이야기하라. 그의 말과 생각이나 행동을 분석하려는 노력은 안 할수록 효과적이다. 자신의 눈에 보이고 들리는 것을 비판적으로 받으려 하는 대신, 도우려는 마음을 처음부터 끝까지 지켜라. 또한 말할 때 목소리를 낮추고 표정은 가능한 한 부드럽게 하라. 변명하는 대신에 상대의 말과 생각을 그의 권리로 받아들이라. 저쪽에게 자신의 생각이나 의견을 이해시키려 노력하지 말고 불평하는 남편이나 그의 어머니를 절대로 탓하지 말라."

아내가 보기에 이 여인은 열심히 듣고 일부는 적기도 했다. 아내는 한글로 쓴 책과 교재는 있지만, 영어나 다른 언어로 된 교재는 그 때에는 없었다.

일주일 후에 찾아온 이 여인의 표정이나 음성은 훨씬 밝아져 있었다. 처음에는 자신도 없고 반신반의했지만 시키는 대로 했더니 사이가 좋아졌다고 했다. 이제는 서로 싸우는 일이 거의 없어졌고 자신감이 생겼으며 앞으로도 이 배운 것을 계속 실천하겠노라 했다. 그리고 몇 주 후 그 여인의 남편이 찾아왔다. 적이

긴장하고 당황하기도 한 나의 아내에게 자신의 아내를 그토록 변화시킨 사람이 누군지 만나고 싶었다며 몇 번이나 감사하다는 말을 남기고 돌아갔다.

　이 여인이 행한 공감은 기적을 보여주었다. 아내가 이 이방 여인에게 영어로 힘겹게 가르친 것은 경청과 공감을 통한 대화기술의 기본이다. 여기서는 그 부부나 어머니의 배경, 과거력 등에 대한 자세한 자료 수집이나 분석이 없었다. 어머니를 모셔 와서 잘 보이려고 투정대는 아이가 되어버린 남편, 손바닥 하나론 소리가 나지 않는 다는 이치를 미처 깨닫지 못하는 아내, 이 둘 사이의 자존심 싸움에 대한 심리적 해석은 아예 하지 않았다. 두 번 만남의 대화교육에서 이처럼 상당한 결과를 볼 수 있었던 이유의 하나는, 두 사람의 심리적 성숙도와 그에 따른 견고한 토대 위에 있는 결혼일 것이다. 그러나 까딱 잘못하면 한참 빗나갈 수 있는 관계를 이렇게 호전시키는 경청과 공감의 능력을 다시 일깨워 준 일화였다.

　이 교육은 괴로운 두 사람에게 오랜 가뭄 끝에 온 단비같이 작용을 했다. 지금 뿐만 아니라 앞으로의 인생에 큰 길잡이가 될 것 같이 보인다. 나는 오랜 동안 인간 사이, 부부 사이의 문제를 도와주려 이 방법 저 방법을 썼다. 어떤 때는 흡사 굴착기를 메고 암벽에 다가서는 기분으로 일 했던 나에게, 아내의 한 일은 신기하고 눈이 뜨이는 대리경험이었다. 아내는 자신은 특별한 이야기를 한 것은 없이 '교과서'("이런 대화가 삶을 바꾼다")에 있는 대로 또박 또박 가르쳤는데, 그의 남편이 왔다 간 후 자신도 교과서의 위력에 놀랐다고 했다. 교과서도 그렇지만 전달자도 좋았다는 말을 나는 붙였다.

(4) 내 마음 전달 대화기술(나 전달법)
(I - Message, Effective Self-Expression Skill)

사람은 하고 싶은 말을 하고 살아야 건강하다. 내 맘 전달 대화기술은 남이 말하면 듣고 화답하는 공감과 달리 내 자신이 하고 싶은 말을 하는 대화기술이다. '나 전달법, I- Message, I statement'로 알려져 있는데, 상황에 의한 내 심정, 마음을 상대에게 전달하는 대화기술이다. 이 기술이 유용하게 쓰이는 이유가 있다. 나의 말을 상대가 거부감 없이 편안하게 잘 듣고 마음 문을 열게 하는 기술이기 때문이다. 내가 먼저 주제를 꺼내 상대에게 말할 때, 자신의 거북한 입장을 상대에게 알려야 할 경우에 큰 도움이 된다. 어떤 경우에도 먼저 공감을 한 후에 내 말을 하거나 질문을 하는 것이 순서다.

남에게 거절할 때, 반대할 때, 부탁할 때, 훈계할 때, 남을 고쳐야 할 때, 오해를 풀려는 불편한 상황, 내가 화나는 상황에 상대를 직접 탓하거나 무시하지 않으며 할 수 있는 대화다. 나 자신의 한계(Boundary)를 분명히 하여 자신을 지키되, 상대가 반발하거나 자기방어 하는 것을 극소화하여 불화를 예방하는 대화기술이다. 이런 대화기술이 익숙할수록 남 앞에서 당당하게 말할 수 있는 자신감이 생긴다. 특히 자녀, 학생 등 훈계를 해야 하거나 거절해야 하는 때나 화가 나거나 하는 등의 경우에 효과적이며 오직 한 가지 쓸 수 있는 방법이다.

스트레스나 고민 등을 속에 넣어두고 세월이 가면 만성 스트레스에 의한 신체질환과 우울증이나 한이 되어 고통스러운 삶을 산다. 내 맘 전달법은 정신적 건강을 위해서 하고 싶은 말이나 해야 하는 말을 적절하게 표현하는 최선의 방법이다.

a. 내 마음 전달 대화기술이란?(I-Message?)

I-message는 책과 강의를 통해 많이 알려져 있지만 그 개념이 왜곡되어 있어 바르게 사용되지 못하고 있다. 나의 마음을 적절하게 전달하는 대화기술은 어렵다고 알려져 있고 실제로 힘들다. 그 이유는 I-message에 내재된 이율배반적인 요소 때문이다. 그것을 풀이해서 알아보면, 상대에게 나를 알리는 대화는 그 초점을 상대에 둘 수 없다. 많은 경우 상대에게서 멀리하면 할수록 효과적이 된다는 것이다. 나의 의견을 주장하거나 명령과 충고를 하는 것은, 그 초점이 전적으로 상대를 향해 있기 때문에 낙제점을 받는다. 상대를 염두에 두고 양방의 이익을 생각하되 동시에 부정적인 초점을 상대로부터 분리하라는 주문이 모순적이다. 그 만큼 많은 이해와 배움과 학습이 필요하다. 나의 말이나 행동을 컨트롤 하고 바꿀 수 있는 사람은 오직 나 자신이며, 그것들에 책임을 져야 할 사람도 나라는 것이다. 그 반대로 상대의 말과 행동을 컨트롤하는 책임은 전적으로 상대에게 있다. 이런 진실이 나 전달법의 이론적 기초의 하나이다. 자신의 상황이나 심정에 대해 말하는 이 언행은 자신이 주연이고 책임도 전적으로 본인의 것이다. 이 점을 숙지하는 것이 학습의 시작이다.

내 마음 전달법은 사건이나 문제에 의해 일어나는 감정(심정)을 주로 말하는 기술이다. 그 감정을 일으키게 한 사건의 원인이나 과정, 과거에 중점을 두지 않는다. 단지 현재의 사건, 어떤 사람의 행동에 따른 나의 심정 등 마음의 상태를 표현하는 것이다. 이때 행동하는 사람의 인격에 상처를 주지 않는 것을 원칙으로 한다. 행동하는 사람과 그 사람의 행동을 구별해서 그러한 행동을 한 사람의 인격은 다치지 않고 내가 하고자 하는 말을 하는 기술이다. 언어 행동이 마음에 들지 않더라도, 문제는 작게 보고 사람의 인격을 먼저 크게 보면서 대화하는 것이 바람직하다.

우리 사회의 위계질서 문화 양상이 변하고 있다. 명령식으로 말하면 무조건 복종하던 시대, 잘못 하면 강요와 협박이 통하던 시대를 벗어나고 있다. 윗사람의 갑질에 대한 거부 반응이 만연해 간다. 세계화 현시대의 인식구조나 소통대화방식이 요구되고 있다. 과감한 변화가 시급한 시대라는 의미다. 차제에 아름다운 대화기술이 유용하게 사용되기를 바란다.

b. 감정표현의 필요성 (*감정표 205~215p 참조)

'나 메시지, 내 맘 말하기'는 자신의 감정(느낌)에 초점을 두고 하는 대화기술이다. 우리의 감정(심정, 마음)은 주위의 자극이나 정보가 보고(시각), 듣고(청각), 만지고(촉각), 냄새(후각), 혀 맛(미각) 등 오감(五感)을 통해 뇌로 가서, 생각과 과거의 기억이 복합적으로 작용해서 일어난다. 이렇게 생기는 느낌을 말로 전하는 대화기술이 '나 메시지, 내 맘 말하기'다. 이때의 느낌은 자연스럽게 일어나기 때문에 인위적으로 조절이 안 되는 것이 정상이다.

인간의 심정은 미묘해서 폭과 깊이와 질을 측정할 방도가 거의 없고 지문이 각각 다르듯이 심정의 지문도 비슷하다. 같은 상황에서 열 사람이 화가 나는 일이 일어나면 분노의 정도나 질은 개인마다 다르다. 그 표현하는 말과 행동도 천차만별이고 각각의 우열을 가름하기가 쉽지도 않고 해서도 안 된다. 우리가 소유하는 감정은 거의 자연적으로 일어나는 고유한 현상이다. 누구도 비판할 수 없고, 비난 받아서도 안 되며 그럴 수 있다로 인정되어 져야 한다.

인간의 감정은 기본적으로 기쁨(Joy, Happiness), 슬픔(Sadness), 역겨워 싫음(Disgust), 두려움(Fear), 분노(Anger) 등의 마음 상태가 주를 이룬다. 크게 기쁘고 즐거운 긍정적 심정과 슬프고 불쾌하고 화가 나는 부정적 심정, 두 상태로 분류한다. 우리는 문화적으로 상황분석이나 지식에 높은 반면 심정표현에 약해서 한계를 느낀다. 감정표현을 자제하는 것이 예의이고 덕이라고 가르침을 받은 우리는 희노애락의 느낌을 표현하는 데 서툴고 인색하다. 그러나 부정적인 감정은 즉흥적으로 여과 없이 표현하여 상대에게 불쾌감을 갖게 하고 상처를 주거나 작은 문제가 확대된다. 부정적 심정 상태를 말로 표현하지 못하면, 이차적인 강한 감정으로 발전하여 고통을 수반한다. 이러한 학습의 부족이 가정과 사회의 불화와 분란을 초래하는 원인이 된다.

상황에 의해 가질 수 있는 여러 종류의 감정을 말로 표현하는 것이 우리에게는 어설프다. 기쁘면 기쁘다는 표현을, 슬프면 슬프다는 표현을, 서운하면 서운하다는 표현을 말로 해야 한다. 자신을 표현하지 않으면서 상대가 오해 없이 짐작으로 헤아려 주는 데는 한계가 있다. 감정의 자유로운 표현은 인간됨, 인간관계를 건전하고 즐겁게 누리는 반면에, 표현이 경직되거나 부적절하면 인간관계 문제를 부추긴다.

우리의 삶에서 사건이나 문제는 먼지처럼 우리와 공존한다. 어떤 상황에 의해 느껴지는 감정은 본인이 느끼는 것이나 스스로 조절할 수 없다고 한다. 그러나 생각이나 말과 행동은 자신이 선택하는 것이다. 이 대화는 말하는 자신이 주연이고 책임도 전적으로 본인의 것이다. 그 뒤에는 누구든 인생의 중요한 결정은 전적으로 자신의 것이라는 의미가 있다.

효과적인 공감표현과 내 마음전달을 적절하게 사용하면 싸움에서 상처로 이어지는 상황을 최소화하며 윈윈할 수 있다. 상대의 필요를 찾아서 채워주고, 상대의 심정을 알아주고 배려하는 반면에, 기쁜 긍정적인 심정과 상한 부정적인 심정을 적절하게 상대에게 알리는 것이다. 이런 바람직한 의사소통은 끊임 없는 학습에 의해서만 가능하다.

c. 내 맘 전달 대화기술 공식(I-Message, Effective Self-Expression Skill)

일상적인 말, 기쁠 때 말, 공식적인 말을 할 때가 나를 상대에게 알리는 기회다. 마음이 불편할 때, 고통스러울 때, 화가 났을 때, 슬플 때의 심정을 화내지 않고, 상대의 마음이 불편하지 않게 말하는 것은 자신의 성숙도와 밀접한 관계가 있다. 상대를 탓하지 않고 자기 상황과 심정을 점잖게 말하는 것이다. 인격모욕이라고 느끼지 않는 대화기술이라 상대가 화를 내는 등 방어할 필요를 갖지 않게 하는 대화기술이다. 어떠한 경우든 책임은 자신의 것이다. 남에게 나를 알리려는 때야 말로 대화의 관문인 첫인상 관리를 철저하게 해야 한다. 표정을 순하고 친절하게 표정 관리를 하고, 부드러운 목소리 톤의 관리도 필수적이다.

*남에게 나를 알리는 내 마음 전달 대화기술 공식은
 "나는 ~(상황) 할(5감) 때~하게 느끼니(심정), 나는~(희망)하기 원해요."
 5감을 통해 느끼고 인지된 자신의 마음을 적절하게 알리는 대화기술이다.

*상황, 환경에 따른 내 마음(심정) 말하기: 환경, 상황, 자연적, 인위적인 사건에(정보) 대한 자신의 마음(주로 심정)만을 말하는 단계다.
 - 꽃이 아름답고 향기도 뿜어서(상황) 행복하다(심정).
 - 여기저기서 충격사건이 일어나는 것을 보니까 세상이 무서워.
 - 밤늦게까지 일을 했더니 너무 피곤해.

*네 탓이 아니고 내 탓이라는 마음 전하기
 - "우리가 이야기한 일들을 제가 제대로 이해하지 못했군요. 미안합니다."
   "I am sorry I have a problem understanding the situation we talked about"

*기쁜 상황 때에 내 마음(심정) 표현
 - 방이 깨끗하게 치워 진걸 보니까 상쾌해.

- 나는 새소리를 들으면 마음이 즐거워요. 새소리 들으러 가고 싶어요.
- 여기 와서 봄꽃을 보니까 (시각) 행복(심정)하다.
- 옷이 어울린다는 말씀을 들으니 기쁘네요.

*부정적인 상황의 내(감정) 마음 전달기술은 가장 유용하게 쓸 수 있다. 상황에 의한 자신의 마음을 말한 후에 희망사항, 의견, 생각, 계획, 인생철학, 가이드, 훈계 등 긍정적 제시를 할 수 있다. 희망사항을 알리는 것은 현 상황에서 자기가 무엇을 원하는지를 말하는 것이다. 예로 훈계에 적절하게 사용할 수 있고 창의적 제시나 문제 해결에 도움이 된다. '무섭다, 즐겁다, 걱정스럽다' 심정을 얘기한 후에 긍정적인 희망사항을 말한다. 희망사항은 될 수 있는 한 긍정적으로 표현해야 효과적이고 오해가 없다. 어떤 일을 '…하지 말자' 보다는 '…하자'로 말하거나, 스톱! 쉬 등 손 몸짓 사인을 이용한다.

- 인상을 쓰며 말하는 사람에게는
 "찡그린 얼굴을 보니까 (시각) 마음이 불편해요(심정). 웃는 얼굴이 보고 싶네요."(O)
 "찡그리지 마!"(X)

- 목소리를 높여 소리치는 사람에게는
 "저는 고함소리를 들으면 불안하고 무서워요. 나는 조용하게 이야기하기 원해요."(O)

"소리치지 마세요."(X)

- 주차장에서 뛰어다니는 아이에게,
  ( ) "뛰어다니는 걸 보니까 차에 다칠까봐 걱정돼, 조용히 서 있자."
  ( ) "네가 뛰어 다니니까 넘어질 까봐, 내가 얼마나 걱정하는지 아니! 뛰지 마."

불쾌한 자기 심정을 인지하고 어떻게 표현해야 할까를 먼저 생각해서 말하면 수월하다. 이때 상황설명은 상대를 지적하지 않으며 비교적 구체적이고 짧게 묘사하면 더욱 효과적이다. 긍정적인 감정이나 부정적 심정을 말로 표현하는 연습을 하고 글로 써보는 것도 유효하다.

동시에 자기의 생각이나 원하는 바를 긍정적이고 창의적으로 말할 기회를 가진다면 많은 문제해결에 도움이 된다. 어느 경우에도 표정관리, 목소리관리, 마음관리와 더불어 공감기술 사용을 할 때 비로소 효과적인 대화로 관계향상이 가능하다.

d. 너 때문에 메시지(You-Message, Because of you)는 남을 탓하는 대화

'네가 ~하니까, 내가 ~하다. 절대로 ~하지 마' '너 때문에 이 지경이 되었다' 라고 말하는 너 때문에 메시지가 우리의 습관이기도 하다. 이런 말버릇에서 벗어나 '내 맘 전달 대화, 나 메시지 습관'을 들여야 한다.

너 때문에 표현과 내 마음 표현 대화기술의 차이점을 보며, 어떻게 말하는 것이 상대의 마음이 상하지 않을지 예를 들어본다.

- 잘 찡그리는 아내에게,
    (　) "찡그린 당신 얼굴을 보면(시각) 내 마음이 불편해요(심정). 웃는 얼굴이 보고 싶은데."
    (　) "당신이 얼굴을 찡그리니까 내 마음이 불편해져(너 메시지). 제발 찡그리지 마!"

- 고성을 지르는 남편에게
    (　) "큰 소리를 들으면(청각) 나는 불안하고 무서워요(심정). 조용하게 이야기해요."
    자신의 두려움은 남편의 고성이라기보다 자신이 고성을 들었기 때문이라는 의미가 있다.
    (　) "당신이 목청을 높이니까 내가 얼마나 무서운지 알아요!(너 메시지) 소리 지르지 마세요!"
    '당신이 소리를 지르니까 내가 위협을 당해서 무섭다, 네 탓이다.'는 말로 해석된다.

- 주차장에서 뛰어다니 아이
    (　) "주차장에서 뛰어다니는 걸 보니까(시각) 차 사고 날까봐 내가 불안해(심정). 여기 서 있자."
    (　) "뛰지 마! 뛰어다니니까 다칠까봐 얼마나 걱정되는지 알아!(너 메시지)"

- 전화도 없이 12시가 넘어서 들어온 자녀

　남편에게 어떻게 나의 속상한 심정을 전해서 상대가 스스로 깨닫게 할 수 있는가? 말없이 늦게 들어온 행동 때문에 내 심정은 걱정되고 애가 타고 스트레스를 받게 되고 화까지 난 것을 말하는 연습이다.

　　(X) "말도 없이 이제껏 어디 갔다가 왔니? 왜 전화도 못해? 내가 얼마나 속이 타는 줄 알아?"

　　(X) "너 때문에 내가 피가 마를 지경이야, 아유 내 팔자야, 그렇게 이야기해도 못 알아들어! 전화는 왜 못해! 인간이 그래 가지고…"

　　(O) "기다렸는데 전화도, 사람도 오지 않으니 내가 너무 걱정되었어. 세상이 험하니 무슨 일이 있을까봐 속이 타는 거야. 늦게라도 전화를 받으면 마음이 놓이겠어."

- 문을 쾅 닫고 말도 없이 나가는 아들에게

　　(X) "네가 문을 박차고 나가버리면 집에 있는 사람은 뭐냐? 네가 한 짓을 생각하면 내가 왜 고생을 하나 싶다. 한시도 편할 날이 없으니…"

　　(O) "아들이 말도 없이 나가는 것을 보니 내가 무시당한 것 같아서 마음이 언짢구나."

- 10학년 영수는 성적은 떨어지는데 컴퓨터를 밤늦게까지 하다가 아침에 일어나지 못한다.

　　( ) "영수야, 컴퓨터를 밤늦도록 하는 걸 보니까 잠을 못자

서 건강에 해가 될까봐 걱정이 되는구나. 좀 일찍 자기 바란다."

( ) "영수야, 밤마다 컴퓨터 하느라 잠을 안자니 아침에 못 일어나잖니! 컴퓨터 그만해!"

- 종업원이 거스름돈을 잘못 계산하는 문제가 있을 때, 일대 일로 조용한 곳에서 얘기한다.
 …

- 자녀가 제 할일, 피아노 연습을 제때 안하고 게임에 열중이다.
 …

- 시누이가 2주 전에 용돈을 500불 줬는데 안 받았다며 짜증을 내고 거짓말을 한다.
 …

- 열심히 말을 하는데 남편이 대꾸도 안한다.
 …

위의 연습한 내 마음 전달법을 효과적으로 사용하는 데는 사람에 따라서 상당한 시간이 걸린다. '내 마음을 표현하면 상대가 공감으로 반응하는' 적극적인 상대의 협조가 있다면 심도 깊은 관계형성이 단시일 내에 가능하다.

e. 내 마음 전달 기술의 허와 실

내가 하고자 하는 말을 바르게 말하는 대화기술을 공부했다. 상대의 행동이 나를 화나게 했음에도 불구하고 나는 그를 인간으로 존중하고 사랑하는 대화다. 잘못한 상대는 '내가 잘못했음에도 불구하고 나는 여전히 존중 받는구나'로 생각한다. 이렇게 의사소통을 하면 관계개선은 물론 각자의 인격형성에 도움이 된다. 어쩌다가 화를 내고 야단을 했다면 "내가 화내고 소리쳐서 마음 언짢았겠다." "속상했겠다." "그러지 않으려고 했는데 또 폭발했네."라고 솔직하게 말한 후에 미안하다고 할 수 있는 용기를 가져야 한다. 왜 큰 소리를 쳤느냐의 문제가 아니라, 큰 소리 낸 것에 대한 사과를 한 것이다.

상대의 잘못된 행동에 대한 불편한 마음을 아무리 숙련된 I-message로 말한다 해도, 상대가 항상 받아 줄 것이라고 기대할 수 없다. 상대가 화내거나 거절할 권리가 있음을 존중해야 한다. 힘들여 화난 마음을 가라앉히고 점잖게 내 상한 심정을 표현했는데 반응이 무성의하거나 효과가 없다고 느낄 때 실망이 클 수 있다. 그러나 어렵게 노력해서 씨를 뿌린 것은 언젠가 실한 열매로 거두는 체험을 수없이 보았다.

특히 문제가 크고 심각할수록 양쪽 다 성장할 수 있는 계기가 주어진 것이다. 자신의 성숙한 모습을 상대에게 보여주어 신용을 회복하는 기회도 된다. 대화기술을 더 적절하게 사용하면 문제는 작아지며 갈등해소와 협상이 수월하다. 문제의 원인에 초점을 맞추기 전에, 옳고 그름을 따지기 전에 사람과 그 관계를 우선으로 해야 관계향상이 쉽게 된다. 특히 자녀를 훈계할 때, 지속적으로 대화기술을 사용하여 관계를 유지하면 어느 날 부모들의 기대치에 도달할 수 있다.

어느 경우라도 내가 하고 싶은 말이 있기 마련인데, 반드시 상대의 말에 공감을 한 후에 하고 싶은 말을 하는 것이 아름다운 대화의 순서다. 공감하는 사람은 초록색 카드를 들고 자기 말을 하는 사람은 빨간색 카드를 들고 연습한다.

말하는 사람과 듣고 반응하는 사람의 위치가 변화하는 것에 유의해야 한다. 상대가 특정 주제로 대화하고 있을 때 내가 주제를 바꾸고 싶으면 상대에게 양해를 구한 후에 말하는 것이 대화의 예의다.

f. 나의 앞길 막는 친구

"나의 앞길 막는 친구, 용서했나요?" 라는 복음성가를 부르며 누구를 생각할까? 배우자를 떠올리는 것은 필자만일까? 인간의 마음 밑바닥은 살아야 하는 보호본능이 자리하고 있으니 자연히 자기중심적일 수밖에 없다. 자기가 가진 몸으로 살고 자신의 머리로 생각하고 판단한다. 남의 몸을 빌려서 살거나 나의 두뇌 대신에 남의 것을 빌려서 생각하는 것은 불가능하다. 그렇게 할 수 있으면 때에 따라서는 편리할 것 같으나 가능한 일이 아니다. 남의 경험을 기초로 산다는 것도 마찬가지로 큰 한계에 부딪힌다. 옳고 그름을 따지는 경우에는 결국 내가 옳다는 결론이 그 때문이다. 논리적으로 보면, 내가 꼭 옳아야 하다는 것을 증명할 수 있는 사람은 없는데도 말이다.

크리스천들은 하나님을 나의 자리(마음)에 앉게 노력하는 것이 당연하나 쉬운 일이 아니다. 그래서 우리는 자신의 생각과 내 판단대로 가는 길을 정해 놓는다. 그 길에 누구라도 (배우자) 이쪽을 향해 막고 서서 비난하거나 비판을 하면 괴롭고 화나고 심하면 세상 살고 싶지 않은 것이 우리의 생각이고 인생이다.

내가 어릴 때 상당히 수동적이나 합리적이었던 어머니가 가끔 하던 말을 지금도 기억하고 있다. "길을 두고 어찌 뫼(산)로 가려 하느냐." '뫼'는 힘들고 어리석을 뿐 아니라 갈 길이 아니다. 살아가며 여러 가지로 이 말을 생각하게 되었고, 요즘에야 그 말을 결혼생활에 연결하게 되었다. 배우자가 이쪽을 바라보고 딱 버티고 서 있는 길은 갈 수 있는 길이 아니다. 나의 길을 막고 있으니 치우는 일은 저쪽이라고 믿었다. 내 생각에는 저쪽에서 조금만 비켜서면 쉬울 것처럼 보이나, 실상은 내 생각일 뿐이었다. "왜 내 마음을 못 알아주느냐, 정말 몰라서 이러는 거야, 나를 괴롭히기 위해 그러냐." "왜 내 앞을 막느냐."고 몇 번 불평을 해 보았다. 그때마다 절망스런 사태가 벌어졌고 도저히 이기는 싸움이 아니었다. 차라리 입을 다물고 있는 편을 택하니 그때마다 벽돌이 쌓아졌다.

성경에 협력하여 선을 이루라는 하나님의 말씀을 따르는 것이 결혼생활, 가정생활에 특별히 중요하다고 생각한다. 생각이 다른 두 사람이 뫼가 아니고 길로 가기 위해서는, 반드시 내가 해야 할 일이 있다는 것을 몰랐다. 높게 올라간 장벽을 허물기 위해서는 서로 협력해야 하고, 그 시작은 누구라도 먼저 할 수도 있다. 나의 길을 만들기 위한 방법은 어렵거나 시간이 소요되는 것은 아니다. 잘 들어 주고 경청하며 공감하여 존중과 사랑을 나누는 것이 첫 걸음이고, 둘째는 앞길을 막아선 상대(배우자)에게 내가 원하는 것을 말하는 것이었다.

"내 말이 당신을 무시한다는 말을 들으니 나는 억울하다는 느낌이 들어요. 내 마음을 이해하기가 힘든 것을 보면 내가 참뜻을 전달하는데 문제가 있어요. 어떻게 하면 잘 전할 수 있는지 알고 싶군요. 우리 배운 대로 연습해 봐요. 실은 나도 격려 받고 싶고 이해 받고 싶거든요."

나도 아내가 내 마음을 알아주고 이해해주고 같은 페이지 위에서 대화하기 원했으나 어렵기만 했다. 위의 짧은 말은 이럴 때 내 마음 알아주기 대화의 시작이다. 초점을 나의 감정에 두고 자신을 변화시키려는 의도를 보인 것이다. 이런 정도로 시작하는 것도 무척 힘들다. 내 속에 쌓인 여러 강한 감정을 이렇게 표현한다는 것이 도무지 성에 차지 않는다. 또한 이 정도로 말을 해서는 상대의 귀에 들어갈 것 같지 않지만, 이런 내 마음 전달법이 뜻하지 않는 큰 효과를 가져 왔다. 지금까지 필자의 경험을 통하여 얻은 결론은 협력하여 닦아가는 길은 유효한 대화가 통할 때 가능하다는 것이다. 이런 대화는 원칙과 기술을 배워야 하며, 이 방법으로 여러분들이 도움 받는 것을 많이 보았다.

g. 나의 영역, 당신의 경계선

세상에는 여러 가지 경계선이 있다. 국가와 국가 사이, 나와 이웃집 사이의 경계가 분명해야 여러 가지 분쟁이나 골치 아픈 일을 막을 수 있다. 나와 다른 사람 사이의 경계는 다른 경계보다 복잡하고 중요하다. 인간의 개인적 경계선(Personal Boundary)은 인간관계의 일부이며 중요한 부분이다.

인간관계의 경계(영역, Personal Boundary)는 인간관계에서 각자를 위해 정한 한계와 법칙을 의미한다. 인간관계에서 경계의 종류는 신체적, 지적, 감정적, 성적, 물질적, 시간적, 종교적, 이념적 등이다. 개인적 경계의 첫째는 신체적인 경계이다. 남이 자신의 몸을 '침범'하여 생존의 위협은 물론, 불편, 불쾌 혹은 신체 심리적 위해를 저지하고 보호하는 경계이다. 폭행, 폭력, 위협 등이 여기에 포함된다. 남녀 간의 성적 경계가 침범 받으면 거기에 심리적, 신체적, 사회적, 경제적 요소가 다 개입된다. 다음은 심리적인 경계. 자신의 인간으로서의 정체성, 사고, 판단과 가치관이 존중되고 정당히 평가되는 것이다. 사회적으로 자신의 의사에 반한 행동을 강제 받으면 그것은 경계가 침범된 것이다. 우리 모두가 자신의 경계를 지키고 남에게 그것을 존중하도록 요구할 권리가 있다. 따라서 남의 경계를 존중해야 하는 책임과 의무가 따른다.

전문가들에 의하면 한계의 특성(Traits)을 세 가지로 나누었다. 첫 번째는, 건전한 경계 관계(Healthy Boundary)다. '안 된다, 싫다.' 등 거절을 편하게 하고 또 받아들이는 관계다. 서로의 권리와 책임, 생각과 신념 등 다름을 존중하고 필요와 요구를 대화로 풀면서 친밀한 관계를 유지한다. 두 번째는, 남과 멀고 먼 사이를 유지하는 Rigid Boundary다. 상대로부터 거부당하는 것이 두려워 사람을 피한다. 남과 심적으로 가까운 관계를 유지하지 못한다. 남에게 자기의 심적 영역을 나누거나 남의 영역에서 멀리하여 불편한 관계를 가진다. 세 번째는, Porous Boundary다. 남의 일에 과잉으로 참견하고 남의 일이 자기 일이고 책임도 자기의 것이라고 믿는 관계를 갖는다. 다른 면은 싫다 소리를 못하는 특징이 있다. '아니다, 못한다, 싫다.'라고 하면 거부당할까 두려워하거나 좋은 사람으로 인정받지 못한다고 생각해 자기의 경계선을 넘어서 해 주어야 한다. 위의 두 종류의 인간 사이의 경계는 마찰을 피할 수 없다. 관계에 위험을 주거나 관계가 불화하거나 단절된다. 심하면 학대의 관계가 되거나 병적인 관계(Co Dependency)가 된다.

경계선의 의미와 적용은 문화적 배경, 환경 등에 따라 차이가 있다. 가족 사이, 남녀 사이, 직장 상하 사이의 경계 양태가 동서양의 차이가 현저하다. 문화적으로 평등의 수평적 관계를 중시하는 미국 서구 사회와, 상하의 수직적 구조인 한국 동양사회의 경계는 관념과 실천이 다르다. 우리의 문화적 관습은 인간 사이의 경계선의 필요를 인지하는 것조차 희미했다. 경계선의 의미와 인식의 큰 차이는 실천에 어려움을 겪으며 가족관계와 사회적 관계에서 혼란스럽게 반영되고 있다. 미국의 이민 1세 한국인들은 기본적으로 한국적 동양적 관계관, 경계관을 유지하고 믿고 따라 행동한다. 자녀들과의 관계를 보면, 자녀와 부모 사이도 3세와 20세의 자녀와 경계가 다르다. 자신의 '아래'에 있는 사람(특히 자녀)에게 부모의 생각과 세계관에 대한 동의와 복종을 따르도록 요구한다. 그리고 '아래' 사람의 복지와 장래에 무한책임을 지려 한다. 이러한 경우에 어떠한 문제가 일어날 수 있는가를 짚어보는 것은, 좀 더 나은 인간이 되고 건강한 관계를 가지는데 도움이 될 것이다.

아름다운 대화기술의 기본개념은 인간 사이의 건전한 경계를 지키고 회복하는 것이다. 상대의 인격, 생각과 감정에 대한 존중이 있고, 그것을 표시하기 위해 올바른 몸과 마음의 태도, 경청과 공감이 있어 이웃의 경계를 침범하지 않는다. 또한 내 마음 표현하기(I Message)를 사용하여 나의 경계를 상대에게 알린다. 이 기술을 잘 배우고 사용하는 것이 경계문제(Boundary Issue)의 대처법이고 이를 통해 건강한 관계는 건강한 한계를 유지하는데 있다. 아름다운 대화로 관계를 가지는 사람들은 건전한 한계를 가지게 된다.

(5) 지혜로운 질문기술 : 질문하는 기술, 질문에 답하는 기술

There is no stupid question — 어리석은 질문은 없다. 모든 질문은 유용하다. 이유 여하를 막론하고 모든 질문은 유익하고, 질문자는 존중받아야 한다는 원칙 위에 질문기술이 성립한다.

a. 질문대화기술을 배워야 하는 이유(유익성)

지혜로운 질문은 가히 예술적이라고 할 만큼 성숙한 대화의 중요한 요소다. 질문은 인간관계를 친밀하게 향상하기 위해 필요한 가교(bridge) 역할을 한다. 뇌를 자극하여 자신과 상대(자녀)의 동기부여의 기회를 갖게 하고 사고력과 창의성을 개발하는 역할을 한다. 때문에 창의력은 질문에서 시작된다고 보아도 과언이 아니다. 묻는 사람이나 답하는 사람이 생각하는 시간에 뇌가 활발하게 작용하고 있는 것이다. 상대로부터 원하는 정보를 얻고 주기 위해 질문을 한다. 그 자리에서 정답을 얻어야 하는 경우가 있으나, 더 중요한 질문은 질문자 스스로 답을 찾게 돕는 지혜로운 질문 대화기술이다. 부모는 자녀를 질문으로 가이드하여 문제에 대한 해답을 자녀 스스로 찾게 도와야 한다. 미처 생각하지 못했던 자신에 대하여 재발견하도록 하는 것 또한 필요한 도움이다. 부모는 자녀의 문제나 고민을 해결하거나 확답을 주는 만능 해결사가 아니고 그래서도 안 된다. 스스로 최선의 결론에 이르도록 안내를 해주는 나침판 역할을 할 뿐이다. 정보만을 원한다면 컴퓨터나 셀 폰이나 인터넷에서 얼마든지 가능하나, 심도 있는 인간관계로 발전하기 위하여, 지혜로운 질문을 공부하는 것이다.

 정답이 안 나온다 하더라도 질문을 생각하는 것 자체가 두뇌를 자극한다. 어떤 질문에 해답을 쉽게 못 찾는 경우 정답에 너무 치우치지 않아도 된다. 상대가 편안하게 생각해서 가능한 자신의 최선의 답을 선택할 수 있게 격려한다. 마음의 여유를 가지며 문제에 접근하는 습관을 가진다면 어떤 질문에도 당황하지 않는다. 이러한 여유가 자녀의 일생의 습관이 되도록 부모의 인내와 지혜를 동원해야 한다.

 지혜로운 질문기술과 다른 대화기술을 바르게 사용하면 인간관계의 어려움을 풀고 상처치유가 가능하다. 나아가 상대를 존경하며 협상하는 태도를 배운다. 특히 힘든 문제에 부딪히거나 실패했을 때, 자유롭게 질문하고 자기 의사를 말할 수 있게 훈련하는 기회를 주면 '나도 할 수 있다. 길이 보인다.'라는 자신감을 갖게 된다. 우리는 어느 때 누가 어떤 질문을 해도 두려워하지 않고 도전할 수 있는 용기를 갖기 위해 지속적인 훈련이 필요하다.

b. 질문하는 기술은 용감한 도전자를 만든다

상대로부터 원하는 정보를 갖기 위해, 내 자신의 필요에 따라 질문을 이용한다. 질문 형식은 닫힌 질문(Closed Question)과 열린 질문(Open Question)으로 분류한다. 단답식으로 간단하게 하는 질문, '이거 싫어? 좋아?' '했어? 안했어?' '할 거야? 안 할 거야?' 등은 생각할 필요 없이 '예' 혹은 '아니요'로 답하는 닫힌 질문(closed question)이다. 이러한 질문은 인간관계에서 어느 정도 필요할 경우가 있으나 질문이 갖는 진정한 의미의 효용성이 낮다.

좀 더 깊은 대화로 목적을 달성하기 위해서는, 육하원칙을 사용해서 질문하는 열린 질문(Open Question)이 있다. 무엇(What), 언제(When), 어디서(Where), 어떻게(How), 누구(Who), 왜(Why)를 사용해서 하는 질문이다. 상황, 생각, 감정 등을 설명하게 하는 질문으로 질문이 소유하고 있는 목적을 달성하는데 효과적이다. 여기서 Why로 질문할 때는, 몰아 세우거나 따지는 것 같이 들릴 수 있음으로 주의를 해야 한다. 그러나 '왜'에 대한 해답을 스스로 찾아 자기 성장에 큰 도움이 되거나 발명가들이 탄생되기도 한다. 올바르고 효과적인 질문은 지금까지 배운 대화기술을 모두 적용하는 노력이 필요하고, 겸손하게 기다리는 마음의 자세가 필수적이다.

"아이들이 큰소리로 말하는 것을 들었는데 무엇 때문이니?"

"너는 그것에 어떻게 생각하니?"

"다음 프로젝트를 한다고 토론하던데(들었는데) 어떤 방법을 생각해 봤니?"

"수학을 못 따라 가겠다고 들었는데 무슨 다른 방법이 없을까?"
"역사 시간이 싫다고 들었는데 무엇 때문일까?"
"너의 계획은 무엇이지? 그럴 때는 어떻게 해야 하지?"
"그때 그렇게 됐구나. 네 심정은 어떠니? 그럼, 그 다음은 어떻게 하는 건데?"

질문은 간단하면서 구체적이면 더 유용하다. 예를 들어 자녀의 성적이 잘못 나온 것에 대해 대화한다고 하자. 자녀가 다음에 최선을 다한다고 할 때, 부모는 최선이 무엇인지에 구체적으로 질문해서 가이드 한다. "어떤 생각을 했니? 무슨 과목을 언제 할 거니? 너의 계획이 무엇인지 듣고 싶구나."라는 질문을 한다. 상대가 엉뚱한 대답을 하더라도, 공감반응을 하고 격려할 것을 당부한다. 대답이 질문자의 기대와 다른 경우, 일단 공감으로 답한 후에 대화를 이어간다. 예를 들어 "난 아무것도 안할래요. 난 공부에 관심이 없어요."라고 답하면 부모나 선생님은 아름다운 대화기술을 총 동원해서 대화를 이어가야 한다.

자기관리와 경청, 내 말 전달법과 공감반응을 적절하게 사용하며 질문의 문을 항상 열어 놓는다. 질문은 대화의 목적하는 바를 달성할 수 있게 하기 때문이다. 예수님께서 만나는 사람들, 제자들과 대화하시며 많은 가르침을 질문형식으로 하신다. 우리는 예수님의 질문방법과 이유를 생각해 볼 필요가 있다.

c. 막말 질문의 적절한 대응은 성숙의 길이다

우리는 간혹 어리석은 질문을 한다. 존중과 배려와 인정을 떠난 질문이다. 이런 질문은 불편한 마음을 가지게 되고 인간관계를 방해하는 역효과를 가져온다. 예를 들면, 질문자가 답을 정해 놓고 기대하는 답을 이끌어 내려는 질문, 대놓고 무시하는 질문, 불편한 사적인 질문, 남의 이야기에 초점을 둔 질문, 조목조목 따지며 하는 질문 등은 아름다운 대화의 질문이 아니다. 이는 인격을 손상하거나 이기려고 강요하거나 내 맘대로 조정하는 질문이다. 이런 경우 질문자를 탓하기보다, 지혜롭게 대처하는 방법을 터득하는 것이 더 유익하다.

지혜롭게 질문하고, 지혜롭게 답하는 기술은 질문자나 상대가 편하게, 창의적으로 대화를 지속하는 기술이다. 자신이나 가족 등에 대해 무시하는 불쾌한 질문을 접하는 경우에, 지혜로운 대답은 자기의 성숙함을 보여줄 기회다. 아름다운 대화기술의 7가지 기술이 동원되면 수월하다. 곤경에 처한 경우에, 나는 무시당해도 상대의 체면을 살려주는 질문과 답은 자신을 살리고 상대의 마음을 갖는다. 특히 공감질문, 내 마음 전달법을 적절하게 사용해야 하는데, 인내와 지혜는 필수적이다. 이 경우 참음, 기다림과 사랑이 밑에 깔려야 되는데 이것들이 모두 지혜다.

d. 질문에 답하는 지혜로운 대화기술

질문을 어떻게 하느냐에 버금가게 질문에 답하는 대화기술 또한 중요하다. 질문자의 생각, 의견 등을 존중해서 긍정적으로 이끌어 나가면 모든 질문이 좋은 질문이다. 우리 한국 대화문화 중에 교실이나 세미나 등에서 질문을 안 한다는 평이 나 있다. 서슴없이 질문하는 문화를 만들어가야 새로운 아이디어가 나온다.

이런 아이디어가 새 세상에 힘이 된다. 질문에도 기술이 있다 했다. 질문기술은 상대를 존중하며 질문하고, 응답자는 질문자를 존중하며 화답하는 대화기술이다. 비록 막말 질문을 해도 거기서 배울 것이 있다. 불편한 마음으로 등을 돌린다면, 상처를 안고 헤어지는 것이다. 어떤 질문이나 가치가 있고 얻을 것이 있다는 것이다. 그래서 지혜를 구해야 하는 것이다.

 질문에 지혜롭게 대응하는 기술을 예로 들어본다.

 질문자의 질문내용을 정확하게 파악하기 위하여 "…한 질문이시죠?" 하고 공감적 질문(되 질문)을 한다. 그래야 명확하게 응답할 수 있다. 만약에 질문에 답이 즉각 떠오르지 않을 때도, 공감적 질문이 도움이 된다. 질문자가 마음, 인격, 상황에 대해 질문하면, 그에 맞추어 공감적 대화로 답해야 한다. 이때 충고나 해결하는 식의 대화는 피하는 것이 좋다. 답을 아는 직선적 질문에는 "미국에 주가 몇이나 있어요?" "미국에는 50주가 있어요."라고 단답식으로 답한다. 답을 모르는 질문은 솔직하게 모른다거나 되묻는 방법을 쓸 수 있다.

 "엄마, 엄마는 왜 영어를 못해요?" 질문에 "그걸 질문이라고 하니?"라고 핀잔을 주는 답은, 엄마와 아이의 마음에 앙금이 깔린다. "그래, 엄마가 영어를 잘 못해. 어른은 외국어 배우는 것이 애들보다 더 어려워. 엄마는 네가 영어하는 걸 들으면 기특해."라고 답한다면, 둘은 웃으며 대화할 수 있다.

 "아빠, 저두 17살이니까 언제 자동차 사주실거예요?"라는 질문에 "네가 자동차는 왜 필요하니? 넌 아직 미성숙해서 운전은 안 돼. 대학가서 사줄게."라는 아빠의 대답은 기대하는 질문의 효과를 찾을 수 없다. 부모나 리더는 자녀나 학생에게 질문이 나오도록 대화하고, 질문하는 방법과 질문에 답하는 대화기술을 사용할 때, 부모와 자녀 양쪽 모두의 내적 성장을 기대할 수 있다.

e. 난처하고 난해한 질문을 지혜롭게 넘기는 대화기술

"당신은 음식도 못하고 운동도 못하고, 잘하는 것이 뭐요?"라는 질문은 공격적으로 느낄 수 있다. 자존심이 상하고 상처가 된다. 이런 질문이 막말 질문이다. 이때 궁색한 말로 열을 올려 자기변명을 하거나 당신은 "어떤데." 하고 화를 내는 것은 체면 손상이 되는 꼴이다.

그렇다면 어떻게 대처해야 될까? 첫째는, 자기의 불편한 말을 내 맘 전달법 기술을 이용하여 간단하고 단호하게 말한다. "뭘 못한다는 소리를 들으니 기분이 별로네요. 내 음식 중에 맛있었던 음식 이야기를 해주면 좋겠어요." 둘째 방법은, "맞아요, 난 음식도 못하고 운동도 못해요. 그런데 나는 남의 흉을 볼 줄 모르는 단점(?)도 있어요." 상대의 질문을 그대로 인정한 후, 유머를 곁들인 자기 긍정적인 말로 말머리를 돌린다.

때에 따라서 난해하거나 공격적인 질문을 받을 때, 우리는 당황한다. 당장 해답이 안 떠오르는 경우라도 일단 반응은 해야 예의이다. 긍정적인 자기관리, 상대를 친절하게 바라보고 고개를 끄덕이며 잠깐 침묵을 유지한다. 이럴 때 당신의 말을 잘 들었다는 신호를 주어야 오해를 막는다. 생각하는 여유를 가지면 질문자도 함께 마음의 안정과 여유를 갖는다. 그런 후 "참, 어려운 질문이다, 좋은 질문이다, 생각하게 하는 질문이다, 생각해 보지 못한 질문이다."고맙다."라고 답한다. 혹은 "…이런 질문이십니까?"라고 상대의 질문을 반복해서 되묻는 공감반응 질문을 한다. 그러면서 시간을 얻고 해답을 구상할 수 있다. "당신의 생각은 어떠한가요?" 하고 묻기도 한다. 다른 사람이 있다면 그들의 의견을 물을 수 있다. 해답이 힘들면 힘들다고 솔직하게 말을 한 후에 숙제로 내주거나 기도하거나 연구해서 다시 대답하겠다고 하면 효과적이다.

비슷한 질문을 반복하는 경우에는 질문자에게 "…질문이라고 들었습니다."라고 반드시 공감반응을 한 후에 "저의 의견은 바로 전과 같습니다."라고 간단하게 말한다.

일반적인 질의응답은 궁금증을 해소하는 것이 주 목적이다. 반면에 지혜로운 질문기술을 이용한 질의 응답은, 대화의 줄을 이어가게 한다. 개인은 한 단계 성숙되고, 인간관계는 고상하고 멋있게 향상한다. 대답하는 사람과 질문자는 통찰력과 창의력을 키우는데 도움이 된다. 어떤 부정적 질문이라도, 질문자의 인격을 건드리지 않으며 지혜롭게 대답하여 불편한 순간을 넘기는 것이, 성숙으로 향하는 길이다. 말 한마디로 천국과 지옥을 오가는 것은 질문에도 해당한다.

(6) 부담스러운 칭찬, 그러면 격려를

a. 칭찬과 그 한계, 모든 사람이 칭찬할 것이라 기대하지 마세요

인간은 어린시기부터 '남이 기뻐하면 나도 기쁘고 내가 남을 기쁘게 하면 나도 기쁘다'의 간단한 원리를 경험하며 성장한다.

어린아이가 재롱을 부리면 부모가 기뻐하고, 이를 보는 아이도 기쁘다. 이러한 사랑의 관계에서 우리는 힘을 얻고, 자기 존재를 확립하고 세상을 배운다. '나는 사랑받고 있는가, 존중받고 있는가, 가치 있는 사람으로 인정받는가.' 라는 고민은 누구나 가지는 본능적인 것이다. 우리는 다른 사람으로부터 사랑 받을 때 이러한 본능적 욕구가 충족되어 기쁨과 행복을 누린다. '칭찬'은 일시적으로 이러한 본능적 욕구를 만족하는 힘이 있어, 인간 성장에 많은 기여를 하는 것이 사실이다. 칭찬은 개인이 평가를 받고 남과 비교해서, 경쟁에서 이겨야 거머쥘 수 있다. 사회, 학교, 가정 혹은 권위자가 세워 놓은 기대나 기준에 도달했을 때 주어진다. 칭찬받는 사람은 얼마동안 기뻐하고 자신에 대해 긍정적이 된다. 또한 동기부여를 갖는 효력도 있다. 남보다 더 잘했다고, 지금보다 더 잘하라, 성공하라는 암시가 도사리고 있다. 인간관계에서 존중과 사랑은 기대하고 받아야 살 수 있지만 칭찬은 받아도 되고 못 받아도 괜찮다. 모든 사회적 잣대나 권위자의 입맛을 맞출 수 없고 그럴 필요도 없다. 인간의 눈치를 보거나 그 기대대로 살지 않아도, 기쁨과 행복을 누리는 사람이 있다. 하나님을 기쁘게 하는 삶, 예수님처럼 사는 사람들이다.

인생은 실패의 연속이라 해도 과언이 아니다. 실패의 가능성은 언제나 존재한다. 수많은 문제와 갈등에 부딪히며 칠전팔기의 인생을 살아간다. 넘어져서 일어나야 할 때 우리는 칭찬의 한계를 체험한다. 기운 나게 하는 삶의 영양소 에너지 공급을 누가 어떻게 줄 것인가가 참으로 중요하다. 격려가 그 해답이다. 칭찬과 격려는 그 차이점이 뚜렷하다. 그 말과 표현이 다르고 상대에게 주는 의미에도 차이가 있다. 중요한 것은 '어느 때, 어떻게 칭찬을 할까'다. 칭찬과 격려 대화기술이 어떤 것이며 어떻게 실천할 것인가를 배워 칭찬의 한계를 뛰어 넘는 대화로 사람을 살리고자 한다.

b. 넘치는 칭찬에 의한 피해

칭찬을 바라는 것은 인간의 본능적 욕구라 했다. 몇 세기 전 우리는 칭찬에 인색한 시기가 있었다. 뛰어나지 않으면 칭찬을 하지 않았다. 칭찬할 거리가 없거나 신통치 않아서이기도 하지만 그냥 할 필요가 없다고 여겼다. 근래에 와서 칭찬이 유익하다는 인식이 강하게 자리잡기 시작했고, 지금은 누구에게나 칭찬을 넘치게 한다. 적절치 못하게 혹은 과다하게 하는데 따르는 부작용이 문제다. 배가 아픈데 갈비를 주거나 배가 부른데 자꾸 입에 음식을 넣어 주는 것과 비교 할 수 있다. 칭찬 받을 만하지 못하다는 것을 상대가 알고 있는데 당치 않은 칭찬을 한다. 어느 정도의 칭찬이면 족할 것을, 몇 배로 늘려 과잉 칭찬을 하는 경향도 주시해야 할 과제다.

칭찬을 지나치게 받은 자녀들이 칭찬문화에 휘말려 피해자가 된다. 자기도 모르게 부담을 느끼고 남을 실망시키지 않고 자기를 지키기 위해 스트레스를 받는다. 심하면 고통스러워하고 문제를 일으킨다. 자기중심적이고 자기밖에 모르는 자기애적 인간, 자신감과 자긍심이 약한 사람으로 성장한다는 것도 인지해야 한다.

"넌 정말 공부를 잘 하는구나, 과연 천재야, 머리가 뛰어나."

"손재주가 최고야. 아빠의 최고 아들, 너무 잘했다." 등을 실속 없이 연발하는 부모는 자녀의 마음을 헤아려 볼 필요가 있다.

중학교에 입학한 외아들이 아빠의 칭찬을 거절한 경우가 있었다. 칭찬을 많이 하려고 칭찬 영어 단어를 모았다. 퇴근을 하고 집에 들어서면서 아들에게 칭찬의 말을 하는 것이 큰 낙이었다. "나의 아들! 넌 언제나 착해, 뭐든지 잘하고 있어, 넌 정말 뛰어나, 최고야, 사랑해(Hi, My Son, You Are Wonderful, You Are Excellent, Great, Very Good. Dad Loves You So Much.)." 하면 "나도 아빠 사랑해." 하던 아들이 변했다. 어느 날 "아빠, 나는 Wonderful, Excellent, Good, Great 하지 않아요."라며 하이파이브를 하려던 아빠의 손을 무시하고 제 방으로 갔다. 아빠는 무안하고 섭섭한 것은 둘째고 아들을 어떻게 볼지, 집에 오는 것이 거북하기까지 했다. 그래서 아빠가 부모교육과 대화교육을 받게 되었다.

칭찬을 환호하던 가정과 사회에 뜻하지 않은 함정을 만나기 시작했다. 수직문화에서 칭찬은 윗사람이 아랫사람에게, 남과 비교해서 더 잘한 사람의 것이다. 현 경쟁사회에서는 이미 피하기 힘든 인간 사이의 비교의식이 깔려 있다. 칭찬의 만발은 이를 가열시키는데 한 몫을 더 한다. 자녀들은 자신이 부모의 기대를 충족시켰을 때, 부모가 기뻐한다는 것을 알고 있다. 애들은 부모를 기쁘게 하려고 공부를 잘하려 한다. 부모가 기뻐서 칭찬을 할 때, 자기의 가치가 인정받고 사랑 받는다고 믿는다. 이런 환경 속에서 부모가 지나치게 칭찬에 의존 하면, 칭찬의 관계는 물론 조건부 사랑의 관계에 빠지기 쉽다. 칭찬을 받기 위해 성적 위조 등 거짓말이나 거짓 행위도 한다. 잘 하지 못할까봐 늘 불안하여, 수단방법 가리지 않고 남을 떠밀고서라도 앞서 가기를 원한다. 나름대로 노력을 하지만 그 스트레스는 심신을 힘들게 한다. 자기 자리가 뒤로 쳐질 때에는 칭찬은 없고 아픔만이 있다. 이 아픔 때문에 자녀는 실망하고 삶을 포기할 수도 있다.

일등과 이등의 차이는 돈이나 명예에서 상당한 차이가 있다. 일등을 한 사람에게 칭찬과 관심이 홍수처럼 쏟아진다. 이것을 부정할 수 없는 것이 현 사회의 실정이다. 결코 비교의식에서 자유롭지 못한 경쟁사회에 살고 있다. 가정만이라도 경쟁 스트레스에서 벗어나 진정한 존중과 사랑을 나누게 되기 바란다. 칭찬이 난무하는 시대에, 칭찬받지 못하는 자녀(사람)는 상대적으로 더 위축된다. 부모를 기쁘게 하지 못하는 못난이라고 생각한다. 그리고 부모(이웃)에게 분노하거나 죄책감에 시달린다.

'한 사람의 기쁨은 어떤 사람의 고통이 될 수 있다.'는 현자의 말을 기억해야 하겠다.

c. 칭찬이 주는 부정적 영향

과잉 칭찬을 과다하게 받은 사람은, 칭찬에 의존하여 칭찬의 노예가 된다. 나아가 피해자가 된다. 이런 사람은 본인이 상황 판단을 하여 스스로 일을 하기보다는 다른 사람 마음에 들까? 나는 인정받는 것일까? 내가 하는 이 일은 과연 다른 사람의 것보다 월등할까? 등 남의 기준치에 맞추기 바쁘다. 공부나 자기의 할 일도 남에게 잘 보이려고 한다. 이런 방법도 동기부여의 일면이 되지만 효력이 오래 가지 못한다. 자신의 판단과 의지로 한 일이 아니기 때문에, 일이 잘못 되었을 때 남의 탓을 한다. 그러나 잘되면 자기가 잘나서 된 것이므로 문제나 일에 대한 올바른 책임의식이 흐려진다. 자신이 하고자 하는 일이 무엇인지 생각할 필요 없이 하라는 것을 잘 하기만 하는 수동적인 태도를 가진다. 착하고 머리 좋은 아이 중에, 능동적으로 대처하는 능력개발에 어려움이 있고 창의력이 뒤지는 것을 부인할 수 없다.

　스스로 뭔가를 결정하기가 어렵기 때문에, 자기 가치관에 혼란이 온다. 비슷한 칭찬을 여러 번 받거나 상을 계속 받는 사람은 그 정도의 칭찬이나 상은 대단치 않게 생각한다. 그래서 칭찬은 마약과 비슷하게 내성이 생기고 칭찬에 중독이 될 수 있다. 뭔가 더 큰 칭찬이 아니면 만족하지 못한다. 칭찬중독이라고 할 정도로 만성이 되어간다. 우리 뇌의 작용이다.

　이런 사람은 남이 더 좋은 상을 받는 경우는 물론이고 같은 상을 받아도 기뻐할 수 없다. 자기보다 더 나은 사람은 운이 좋은 사람이라고 생각해서 심술이 난다. 또한 자신이 남들과 비슷하다거나 평범한 보통 사람이라는 사실을 받아들이기 어렵다. 고등학교까지 공부를 잘하던 아이가 대학에 가서 자신에 대해 실망하는 경우다. 자기보다 잘하는 아이들도 많고 자기가 평범하다는 것을 발견하고 괴로워한다. 자기능력 이상의 것을 기대하다가 좌절하기도 한다. 남보다 뛰어나야 하는 자신의 기대에 도달하지 못하면, 경쟁에서 아예 포기하기도 한다. 남에게 뒤지거나 실패가 두려워서 새로운 모험은 시도를 하지 않는다. 어린시기에 잘 하던 아이가 청소년이 되면서 느끼는 심정이다. 자기가 내린 결정이 잘못 될까봐, 책임이 두려워 결정을 내리기 힘들어 한다. 자신이 어느 면에서 약점이 있다는 것을 받아들이지 못하고 사소한 일로 쉽게 낙담하거나 절망한다.

세월이 지나면서 칭찬의 한계와 부작용의 문제점을 더욱 분명하게 알게 되었다. 경쟁사회에서 지속적인 칭찬을 받고 성공하기 위해 최선을 다한다. 스트레스가 쌓이고, 이에 의한 정신적, 육체적 피해는 가정과 사회를 멍들게 한다. 일등이 안 될까봐 부모의 눈치를 보며 불안해하고 자살하는 사례가 있었다. 그런가 하면 성공을 향한 과정이 불건전한 방법이 될 수 있다. 과정은 어떻든 최고의 성과를 받기 위하여 편법을 행하게 눈 감아 주거나 부모가 나서서 편법에 앞장서기도 한다. 칭찬 받을 만한 일이 아니라고 생각했는데 칭찬을 받으면, 이정도 해도 괜찮다거나 자신을 과대평가하는 오해가 생긴다. 세상은 자기를 특별히 대해야 하고 자기는 받을 자격이 있다는 생각이다. 자기의 실패는 세상이나 남의 탓이라는 오판을 하는 오만한 사람이 된다.

칭찬의 결정적인 오점은, 세상적 성취 성공에 올인하는 것이다. 때문에 인간자체는 인정을 못 받는다고 생각하는 것이다. 다시 말해서 남보다 잘 할 때만 자기는 가치가 있다고 믿는다. 원하는 직장에 취직한 자녀가 자랑스러워 칭찬을 하고 싶다면 어떻게 할 것인가? 말하기에 따라 자녀 자신보다 좋은 직장에 더 관심이 있다고 생각할 수 있다. 유명한 학교에 입학한 자녀에게 "참 잘했어. 난 네가 자랑스러워. 역시 최고야."라고 하는 부모는 자녀의 마음을 반드시 헤아려 보아야 한다. 또한 원하는 학교에 입학하지 못한 자녀에게 칭찬 대신 어떤 말을 해야 할까, 실패라는 마음이 들 때, 어떻게 칭찬할 수 있을까가 더 중요한 사안이 된다. 이 상황에서 이겨 나가게 힘을 주는 사랑의 언어, 바른 격려를 배워 사용하기 바란다.

d. 칭찬 받을 자격자는 누구인가?

솔직하고 지혜로운 칭찬을 반드시 받아야 하는 사람들이 있다. 세상의 눈으로 보아 칭찬을 받을 수 없어 보이는 사람들이다. 가정 사정이나 선천적 문제이거나, 신체적, 정신적으로 남보다 늘 뒤지거나 그늘에 있는 사람들을 말한다. 칭찬이나 격려를 받아 보지 못한 사람들, 학대, 천시 받는 사람에게 하는 칭찬은 칭찬이 가진 최대의 효과를 기대할 수 있다. 이러한 사람들에게는 아끼지 말고 넘치게 칭찬을 하라는 것이다. 칭찬 받을 조건이 안 되는 사람을 칭찬하는 것은, 사랑할 수 없는 사람을 사랑하는 것과 일맥상통한다고 하겠다. 칭찬이 주어지는 계기가 희박한 이들은 메가로 과잉 칭찬을 받을 자격이 있는 사람들이고, 우리는 주어야 할 책임이 있다. 이들에게 칭찬은 곧 존중과 사랑의 메시지이고 삶의 에너지이고 치유제이기 때문이다.

누구에게 언제 어떻게 칭찬을 해야 효과적인가를 거듭 고려해 보아야 한다.

e. 격려(Encouragement)를 더 많이

격려는 칭찬과 달리 평가나 비판 없이 어느 때 어디서나 어느 상황에서도 할 수 있고, 또 해야 하는 삶의 필수 도구이다. 잘했 거나 잘못했거나, 성공했거나 실패했거나, 일등에게도 꼴찌에게 도 부자에게도 가난한 자에게도 기쁠 때나 슬플 때도 비교하지 않고 할 수 있다. 격려는 넘어진 사람이 일어 설 수 있게 힘을 주 고 희망을 보게 하는 역할을 한다. 용기와 희망을 갖게 되어 '나 도 할 수 있다'는 자신감이 생기고 자긍심이 높아진다. 존중과 사랑을 토대로 한 격려는 누구에게나 물리거나 질리지 않고 부 작용이 없는 최고의 선물이다.

f. 격려는 낙심(Discouragement) 실족에 영양제이고 치료제다

비실비실 하던 사람이 생기를 얻게 하는 비법이 격려다. 믿고 의지했던 사람들, 부모, 남편, 부인, 자식, 지도자, 친구… 등에 의해 상처 받았거나, 자신에 대해 낙심하고 절망하는 사람의 마음은 자기비하, 부정적 생각으로 차 있다.

- * 나는 뭐하나 제대로 못하는구나. 난 못난이인가봐. 형편 없 구나.
- * 나는 인생 낙오자인가보다. 나는 세상에 존재할 가치가 없는 가봐.
- * 난 누구의 맘에도 들지 못하고 누구의 기대에도 절대로 못 미치겠지.
- * 난 못하는 못난이니까 기대하지 마세요.
- * 난 절대 못해. 뭘 한 가지라도 할 수 있는 것이 없으니…
- * 어째서 나는 이런 인간밖에는 안 되는가? 만사가 허망하구 나.

이럴 때 우리는 칭찬의 한계에 부딪힌다. 이런 사람에게 칭찬을 하기가 어렵다. 일상적인 충고나 덕스러운 말도 잠시다. 길게 크게 도움이 되지 않는다. 충고와 비판하는 말은 자신감을 낮추게 한다. 자기에게 기대하는 사람들이 부담스럽고 상처가 된다. 그래서 사람을 피한다. 더 심각한 상태가 되면, 자신과 이웃에 대해 분노하고 자신이나 타인의 삶을 파괴하기도 한다.

사람은 처음부터 낙심하거나 실망하지 않는다. 가족이나 이웃의 기대에 맞추려 나름대로 노력한다. 노력의 댓가가 기대에 어긋낫거나, 반복해서 돌아오지 않을 때 점차 실망한다. 이런 사람이 어떻게 기운을 차리고 세상에 대해 용기를 가질 수 있는지. 적절한 격려가 들어설 차례다. "그러면 그렇지, 나라고 못할까? 나도 할 수 있어, 나는 괜찮은 사람임에 틀림없어."로 믿게 하여 실망에서 벗어나게 도울 수 있다. 진정한 격려는 최고의 치료제이자 보약이다.

g. 실패를 도전으로

격려는 부모, 형제, 이웃을 비롯하여 그 누구와도 비교하지 않는다. 성별, 생김새, 성격, 질병, 인종, 출신 등으로 비교 차별하지 않는다. 미국에서는 기회균등(Equal Opportunity)이라 하여 차별을 최소화하는 법이 있다. 성취의 결과에만 집착하지 않고 노력, 과정을 중요시하며 발전을 알아준다. 원하는 성과를 내지 못했더라도 하고자하는 마음, 의지와 노력을 인정하고 일에 대한 열의, 협력 능력과 발전에 대한 욕구 등을 인정하는 것이다. 실패했지만 시작해 볼 만했다고 긍정적으로 생각하게 한다. 실패를 삶의 교훈으로 삼아 도전의 기회가 되도록 지원하는데 중점을 둔다. 충고나 권고는 의미나 대화의 기술이 격려와 현저하게 다르다.

협조에 감사하며 자신의 일을 스스로 알아서 할 때 알아주고 믿어 주는 것도 격려다. 낙심할 때 질문과 더불어 스스로 하고자 하는 동기를 갖게 하여, 긍정적으로 '컵에 물이 반이나 남아 있는' 것을 보게 한다. 이렇게 격려를 받으면 부정적 성향(기질)이 긍정적으로 탈바꿈하는 데 도움이 된다. 약하다고 생각하는 면을 세워주는 말이 격려다. 격려를 받은 사람은 자신의 불완전함을 받아들일 용기를 갖는다.

험한 세상에 실패가 두려워, 남이 어떻게 생각할까 눈치를 보며 발을 못 떼어놓을 때, 격려는 움츠린 날개를 활짝 펴게 한다. 실패가 두렵지 않다. 자신감과 자긍심이 올라가고 스스로 자기 일을 한다. 공부나 연습이 싫어서 피하던 사람이, 억지로라도 해보니까 할 만하구나, 노력하니까 되는 것을 체험하게 도울 수 있다.

h. 격려성 칭찬

절제된 칭찬은 격려의 의미가 담겨 있다. 이러한 말은 힘, 용기, 소생, 희망, 신뢰, 재기, 건강, 기쁨, 위로, 미래지향, 상처치유, 기대, 실행, 칠전팔기, 평안, 의욕, 동기부여 등을 주는 정신적 원기소다. 그 사람이 갖고 있는 잠재력과 독특성을 일깨우는 한마디, 믿어 주고 용기 주는 말, 감사의 말, 스스로 해답을 찾고 희망을 갖게 하는 말은, 죽으려는 사람을 살릴 수도 있는 신비스런 대화기술이다. 한마디 간단한 말을 상황에 맞게 수고한다, 감사한다, 고맙다, 기쁘다, 사랑한다, 든든하다, 멋있다, 어울린다, 행복하다, 예쁘다 등의 말을 꾸밈없이 표현하는 것도 격려다. 어떤 사람은 이런 말을 '성령의 언어'라고도 한다.

격려성 칭찬은 삶의 선택이나 일을 스스로 결정하게 용기를 주고 실천하도록 밀어주는 강력한 힘을 가진다. 작은 일이지만 자신의 선택에 자신감을 가진다. 나도 할 수 있는 능력을 가졌다고 믿어 뭐든 스스로 하고자 한다. 부모 생각에 자녀가 정답으로 가지 않고 다른 길을 선택할 때가 있다. 자녀가 선택해서 실패하면 부모는 격려로 가이드할 기회를 얻은 것이다. 더 좋은 결정을 하도록 따지고 야단치고 비판하는 말은 피해야 한다. 자녀의 결정 능력을 믿지 못하는 부모는 자녀를 자신감 없는 사람으로 만든다. 부모의 의견에 순종해서 일이 잘됐다 하더라도 자기의 결정이 아니기 때문에 불편하고 만족할 수 없다. 일이 잘 안되면 부모 탓을 할 가능성이 높다. 문제가 있거나 의견이 엇갈릴 때일수록, 격려성 칭찬이 효과를 나타낼 수 있는 기회가 온 것이다.

i. 격려 대화기술의 증례, 연습

어떠한 말이 희망을 주는가? 도전하려는 마음을 가지게 하는가?

* 음악 콩쿠르 대회에서 두 번째 일등 한 아들에게
  (X) "자랑스럽고 훌륭한 내 아들아, 너의 음악 솜씨는 역시 최고야, 난 네가 언제나 잘 할 줄 알았지! 축하한다."
  (O) "두 번이나 상을 받았으니 기분이 최고였겠다. 단 위에

서 네가 좋아하는 모습을 보니 엄마도 기뻤단다. 마지막 곡 연주할 때 참으로 감미로웠어. 엄마 마음이 설레더라. 정말 수고했다. 축하해."

* 피아노 경연에서 낙선된 자녀에게 어떻게 칭찬할 수 있을까? 어떻게 해야 자신감을 갖고 재도전할 기운을 얻을까!

( ) "내가 뭐랬니? 연습을 더 하라고 그렇게 말해도 듣지 않더니."

( ) "괜찮아, 그까짓 피아노 경연이 인생의 전부가 아니야. 걱정하지 마."

( ) "영이가 실망했구나, 아빠(엄마)는 네가 끝까지 열심히 쳐서 기뻤어. 무대 위에서 최선을 다한 것이 자랑스러워."

* 좋은 학교에 입학한 자녀에게

( ) "이렇게 좋은 학교에 가게 되어서 엄마가 얼마나 기쁜지 몰라, 넌 우리 집 기둥이야."

( ) "주위에서 넌 착하고 공부도 잘 한다고 칭찬이 자자해, 기분이 얼마나 좋은지 몰라. 대학가서도 일등은 네 것이라는 걸 알고 있다."

( ) "너처럼 잘 생긴 애가 공부까지 잘하니 너 같은 효자가 또 있겠니! 누가 뭐래도 넌 최고야."

( ) "과연 내 아들이야, 난 그럴 줄 알았어, 집안의 자랑이지, 큰 사람이 되고도 남지."

( ) "넌 한국의 자랑이야, 노벨상감이야."

( ) "좋은 학교에 들어가서 기쁘겠다. 싱글벙글하는 모습을 보니 나도 기쁘구나, 네가 많이 노력해서 이룬 것이다, 수고했다."

위의 대화 예에 나온 부모의 말을 생각해 보자. 부모를 기쁘게 한 것이 좋은 학교에 들어간 것이라면, 자녀는 부모의 기쁨에 의아해 할 수 있다. 자신이 자랑스러운 이유는 좋은 대학입학이라는 조건을 충족했기 때문이라고 여긴다. 좋은 학교에 들어간 자녀의 기쁜 마음에 동참하고 그의 노력을 알아주는 것이 격려다. 자녀는 노력해서 얻어진 기쁨을 맛보게 되고 그들은 더욱 만족스런 관계를 갖는다. 자녀는 노력한 후에 기쁨이 오고 계속해서 노력하고자 하는 긍정적인 생각을 한다.

j. 구체적인 격려 대화기술 훈련

말없이(Non Verbal Expression) 눈으로, 웃음으로, Touch로, Hug로, 물 한잔으로, 몸가짐으로, 태도로. 윙크, 손 흔들기, 미소, 악수, 고개 끄덕이기, 엄지 올리기로 격려한다. 땀을 닦아주고 어깨를 주물러 줄 수 있으며, 한 송이 꽃이나 깜짝 선물 등이 무언의 격려다.

한마디 수고한다, 감사한다, 기쁘다, 사랑한다, 마음이 든든하다, 멋있다, 행복하다는 간단한 말이 기분을 좋게 하는 격려다.

상대가 할 수 있다는 가능성을 믿게 하는 말
  * 당신은 할 수 있어요.

* 우리가 결정한 것들을 서로 해낼 수 있다고 믿어.
* 난 너의 결정한 일을 네가 책임지고 할 것을 알아.
* 많이 늘었어요.
* 그렇게 처리했구나.
* 이렇게 하기로 결정했니?
* 너의 노력이 드디어 해냈구나.

긍정적, 미래지향적 표현
* 수고 많이 했구나. 고마워. 멋있게 달라져 보이는데.
* 그것을 그렇게 하려고 생각했구나.
* 옷 색깔이 목걸이와 잘 어울려 보여.
* 머리 모양이 신선해 보인다.
* 오늘 너의 공치는 솜씨가 이렇게(구체적) 달라졌어.
* 너의 바이올린 연주는 정말 Unique해. 난 너도 많이 즐기리라 믿는다.
* 잘 안 돼서 실망되겠구나. 그렇지만 나는 네가 원하는 목표에 가고 있다고 믿는다.

상대의 생각, 의견, 계획 등을 인정하고 그의 선택을 존중하는 격려
* '네 옷과 목걸이가 매치가 되어서 잘 어울린다. 보기 좋아.' 라는 한 마디가 힘이 된다.
* 그렇게 하기로 했구나, 그러자꾸나. 난 너의 선택을 믿는다.
* 오늘 실수해서 실망했구나. 난 너의 몸짓이 당당하다고 보

았어.(긍정적)

상대의 덕목, 인품을 알아주는 격려는 인간됨 형성에 도움이 된다.

* 동생을 돌봐 주어서 엄마가 잘 쉬었어, 고마워.
* 우리의 결정을 존중해줘서 고맙다.
* 할머니에게 물을 가져다 드리니까 고마워하시더라. 좋아 보였어.

상대의 덕목, 인품 등 바람직한 성품에 격려를 하는 것은 사람됨에 대단히 긍정적인 메시지를 준다. 배려성, 친절함 등에 관심을 보이고 알아주면 그런 사람이 되고자 하는 마음이 생긴다.

상대의 배려에 대한 보답
* 너희들 책보고 있느라 조용하구나. 엄마가 잘 쉬었단다.
* 여보, 신문이 치워진 걸 보니 당신이 수고하셨군요. 감사해요.
* 도와줘서 고마워. 힘들던 것이 쉬워졌어.
* Garage가 깨끗해지니 내 마음이 정돈된 듯해.
* 오늘은 실수했지만 앞으로 괜찮을 것으로 안다.
* 너의 어려움을 얘기 해 줘서 고맙다.

긍정적인 격려성 질문
* 이럴 땐 어떻게 하려고 그러지?
* 이것 예쁘네요. 그게 뭐예요?

* 그래서요? 그 다음이 무엇일지 궁금해요.
* 무슨 색으로 할 건가요? 빨간색 좋아요?
* 당신의 의견은 그런 거였어요?
* 당신 마음에 드세요?
* 이 Computer에 문제가 있는데 어떻게 할까요?

자신도 괜찮다고 생각할 수 있도록 도와주는 표현
* 입술 색깔이 옷과 잘 어울리네!(나도 색깔선택, Match를 할 수 있구나.)
* 난 네가 결정하는 곳이면 어디든지 네가 원하는 사람으로 성장할 것으로 믿어.
* 네가 그린 그림이니? 이 집 색깔하고 해님이 웃는 얼굴이 잘 어울린다.
* 네가 만든 떡볶이니? 야, 맛있게 먹었다.
* 네가 Piano 연습할 때 마지막 구절을 Forte로 치는 것 너무 신나더라.
* 눈썹이 반달같이 예쁘다. 입술에 매력이 있어. 목소리가 부드러워 듣기 좋아요.
　외모에 자신이 없는 사람에게 그 사람의 특징을 긍정적으로 말한다.
* 이 사인 참 멋있다. 빨간색이 눈에 확 뜨여서 보기 좋아.

격려성 칭찬이 우리의 습관이 되게 훈련하는 연습을 만들기 바란다.

넷째 장

7번째 대화기술
분노조절과 표현기술

넷째 장
7번째 대화기술, 분노조절과 표현기술

"너희는 모든 악독과 노함과 분냄과 떠드는 것과 훼방하는 것을 모든 악의와 함께 버리고, 서로 인자하게 하며 불쌍히 여기며 서로 용서하기를 하나님이 그리스도 안에서 너희를 용서하심과 같이 하라"(엡 4:31-32, 약 3:1-5)

"분을 내어도 죄를 짓지 말며 해가 지도록 분을 품지 말고"(엡 4:26)

분노의 표현기술은 앞서 언급한 대화기술을 총망라한 대화기술이다. 6가지 대화기술 없이는 분노를 조절하거나 표현하는 힘이 모자란다는 뜻이다. 분노의 특성과 왜 조절해야 하며, 그 표현이 우리의 삶에 미치는 영향을 배우면 훈련하기가 쉽다.

1. 분노를 이해하자

분노는 인간생존을 위한 위험경고성 감정(Emotion)이다. 인간이 정상적으로 누구나 가져야 살아 갈 수 있는 감정이다. 생명유지에 필요하기 때문이다. 가슴에 통증이 와야 심장병을 치료해 심장마비를 방지한다. 이렇듯이 마음 상태에 위급상황이 왔다는 위험을 느껴야, 자신을 보호할 방도를 취한다. 이때 분노는 통증과 같은 위험신호. 인간이라면 누구나 만날 수 있는 위험은 피할 수 없고 피한다고 다 해결되는 것이 아니다. 이를 이해하고 적절하게 대처하면 우리에게 상당한 유익을 준다.

분노의 실체는 상황에 의한 내적 반응이다. 위협적인 외부 자극이 오감을 통해서 뇌의 편도체로 전달되면 위험하다는 신호가 뇌신경을 자극한다. 과거의 기억과 생각이 되살아나서 두려움과 분노가 위험증상으로 일어난다. 우리의 몸과 감정, 정신이 위험신호를 알리는 반응을 한다. 이때 각종 홀몬과 뇌신경 물질이 뇌와 신체기관에서 분비된다. 이렇게 생성된 물질은 위험에 대처할 수 있는 상태로 돌입하는데 필요한 것이다. 그러면서 우리의 몸과 마음이 위험을 느끼는 상태가 된다(Feeling). 위험대처 물질이 지속적으로 분비될 경우에는, 몸과 정신의 평정을 유지하지 못해 해가 된다. 분노는 즉각적이고 짧은 시간 내에 신속하게 처리해야 인간에게 해가 되지 않으며, 분노의 목적을 달성한다. 성경은 분은 내어도 해가 지기 전에 풀라고 경고한다.

자기보호 차원에서 방어 목적으로 발생하는 분노는, 유용하게 사용하면 보호는 물론, 살아가는 추진력, 에너지가 될 수도 있다. 반면에 분노 감정을 조절하지 못하면 불이익을 피할 수 없다. 그 댓가는 의외로 크다. 쉽게 감정을 폭발하여 남에게 큰 상처를 입혀 인간관계가 단절되거나 파괴된다. 애써 쌓은 탑이 순식간에 무너지는 과오를 범한다. 더 유해한 점은 분노가 지속해서 오는 심신의 악영향이다. 스트레스가 쌓이고 울분. 증오심. 적개심. 한. 원한 등으로 발전하여 자신과 가족에게 상처를 남긴다. 가족 간의 갈등이 분노를 낳는다. 갈등과 분노는 해결되지 않은 역기능 가족관계, 불행한 가족관계를 면치 못한다. 분노표현 대화기술은 그 가정의 습관이다. 유산상속과 같이 대대손손 다음세대로 이어질 가능성이 높다. 분노는 해가 지기 전에 풀어야 하고 역기능 가족간의 불화는 그 세대의 불행에서 끝내야 하는 이유다. 강도 높고 끈질긴 분노는 가족관계는 물론 이웃, 직장 혹은 사회생활의 심한 불화와 정신적 고통을 동반한다. 나아가 자기 파멸의 원인이 된다는 것을 강조한다.

건강하고 행복한 사람은 자신의 감정, 분노를 조절할 능력이 있는 사람, 성숙한 사람이다. 누구의 잘못이건 서로의 신체와 마음, 뇌건강 그리고 영적 건강을 위해서 분노를 조절하는 것이 마땅하다.

분노를 이해하는 것은, 나를 위험으로부터 보호하라는 신호를 이해하는 것이다. 분노의 실체를 파악해서 위험을 방지하는 목적을 충실하게 하자는 것이다. 감정 특히 분노는 본인이 책임지고 처리해야 하는 특별한 감정이다. 지속적이고 격한 분노는 아무짝에도 필요 없는 감정이고 우리를 신체적, 정신적, 영적으로 병들게 한다. 성경에 260번 이상 분노에 대해 언급하고 있는 것은 분노가 인간에게 주는 영향이 크기 때문일 것이다.

2. 분노가 일어나는 원인

분노는 이유 없이 발생하지 않는다. 그 이유를 알면 분노는 두려워할 대상이 아니라, 조절하고 누릴 수 있는 인간의 감정이라는 것을 알게 된다.

첫째 원인은, 외부의 위협이나 공격에 생명. 생존의 위험을 느낄 때 도움의 필요를 알리는 신호다. 보호 받지 못하는 불안과 공포의 상태가 분노로 드러난다.

둘째는, 생명유지에 필요한 영양소인 사랑, 존중, 신뢰와 격려를 받지 못해서 정신적 영양실조가 될 때다. 살기 위해 사랑. 존중. 격려를 받아야 한다는 신호다.

셋째는, 인간으로서 갖는 기본권 침해, 자신의 신체 침범, 사생활의 침해는 물론 권리보장. 언론과 선택의 자유, 감정, 생각, 의견, 신념 등이 거부나 침해당했을 때 분노를 체험한다.

넷째는, 자신이 가지고 사는 확신, 신념, 이념, 인생철학에 도전을 받을 때이다.

다섯째는, 자신에 대한 기대에 만족하지 못하거나 상대에게 했던 기대가 어긋났을 때, 배반당했을 때 실망하고 분노한다. 자녀들이 부모의 기대에 못 미쳐 부모가 실망하고 낙심한다고 생각하면 자신에 실망하고 분노하게 된다. 이 시기에 부모의 사랑, 격려가 없으면 자살까지 생각할 정도로 정신적 고통이 심각해진다.

여섯째는, 상실에 의한 분노이다. 중요하다고 생각되는 인물이나 그 어떤 것을 잃으면, 상심하고 분노까지 이어진다.

3. 분노의 내적 외적 변화

사람은 공격을 받으면 위협을 느끼고 방어태세를 취한다. 이러한 위협이 지속되면 자신을 보호하기 위한 스트레스 호르몬 등 분노케 하는 물질들이 신체와 뇌에서 배출된다. 이 물질들은 자율신경에 영향을 주어 인간의 내면, 외면에 변화를 일으킨다. 안면 근육이 뻣뻣해지면서 상이 찡그려지고 안면 색이 붉으락푸르락하다. 숨이 가빠지며 맥박이 뛰고 가슴이 두근거리고 심하면 터질 것 같이 느낀다. 피가 거꾸로 솟는 듯하고 손발이 차지며 사지가 떨리고 뻣뻣해진다. 할 말이 제대로 생각나지 않아 하고자 하는 말을 못하는 경우가 많다. 신체와 뇌의 기능이 정상대로 활동하고 있지 못하다. 이런 상태가 지속되면 본인은 물론 상대의 뇌와 신체에 해를 준다. 분노조절과 관리는 신체와 정신건강에 주는 영향이 지대하다. 사람됨은 분노 시 상대의 분노에 걸려 넘어지지 않고 상황처리를 하는 방법에 따라 정립된다.

인간에게 필요한 것이 분노지만 해를 줄 만큼 분을 가누지 못하는 이유는 무엇일까? 분노조절이 안 되는 이유는 무엇일까? 감정조절(Emotional Regulation)에 대해 배우는 것은 분노조절과 표현방법 학습과 관계개선에 도움이 되기 바라서다. 우리의 기본 마음가짐, 몸가짐, 대화방식을 기억해서 친절하고 상냥하면서 단호한 언행으로 대처할 때, 분노는 더 이상 해를 주지 못한다. 분노 처리 과정은 사람됨이나 성격을 가름하는 척도가 될 만큼 큰 비중을 차지한다.

분을 표현하는 언행에 따라 소극적(Passive)이거나 과격하거나(Aggressive Anger) 성숙(Assertive, Mature)하다고 말한다. 소극적이란 대체로 내성적이거나 사회적으로 분을 표현하는 것이 적절치 못한 경우다. 상대나 주위에서 눈치 채지 못하도록 분노를 감추거나 속에 담아 두거나, 본인의 분노 자체의 인정을 거부하기도 한다. 나같이 괜찮은 사람이 이런 일로 화를 내는 것은 상식 밖이며 말해 봤자 득이 안 된다는 생각을 한다. 내가 못난 탓이야, 누굴 탓하겠어, 참는 것이 이기는 것이라고 믿어 표현을 가능한 한 삼간다. 자기의 심중을 솔직하게 말하지 못하고 거절하지 못해서, 스트레스를 받고 화를 쌓기도 한다. 상대가 화를 내면 유난하다, 예민하다, 고집이 세다, 성질이 까다롭다 못됐다라고 비판하여 모든 문제를 화내는 사람 탓으로 돌리는 성향이 있다. 순하고 참을성 있고 점잖은 사람으로 보이나 분노는 속에 그대로 있다. 그러다가 생각지도 못한 방법으로 갑작스럽게 터져 나온다. 이를 Passive Aggressive라고 표현한다. 분을 소각시키지 못하고 쌓이고 쌓여 한이라는 정신문제를 초래하기도 한다.

과격하게 분을 표현하는 사람은 분노를 순간적으로 되받아 토해내는 성격의 소유자다. 쉽게 '욱' 하는 감정을 참지 못한다. 물불을 가리지 않고 모욕적이고 과격하며 폭력적인 언행을 하기 쉽다. 자기아집, 고집이 세서 분노의 원인은 자신을 제외한 주위 사람들로 여기며 속단, 비난, 비판, 남의 탓을 한다. 드물게는 이성을 잃고 큰소리로 욕하거나, 비난하거나, 물건을 던지거나 심지어는 구타하는 상황까지 간다. 공든 탑이 순식간에 무너지는 경우다. 화끈한 사람, 솔직하고 단순한 사람, 뒤끝이 없는 사람,

강한 사람으로 남성답다고 하나 이런 사람의 속은 자신도 모르게 상처로 얼룩져 있다. 이유여하 간에 과격한 언행으로 반응하는 사람은 얼핏 씩씩해 보인다. 그러나 실제로는 감정을 조절하지 못해, 분노에 힘없이 끌려다니는 것이다.

위의 두 경우는 자기가 당한 상처를 그대로 간직하고 있는 상태다. 그들은 보고 자란 대로 행동하는 것이며 진정한 자신감은 결여되어 있다.

화나는 상황에서도 조용하고, 점잖게 분노를 표현하며 대화할 수 있는 사람은 성숙한 품성(Assertive, Mature)을 가진 사람이다. 그의 마음밭이 옥토로 가꾸어져 있고 아름다운 대화기술을 바르게 이용하는 사람이다. 화가 치미는 것을 억지로 참는 것이 아니라, 웬만한 일에는 화가 나지 않게 면역성을 키우는 것이다. 분노 소화 처리를 익히고자 하는 궁극적 목적은 분노의 노예에서 벗어나서 성숙한 인간관계를 가지며, 건강하고 만족스러운 삶을 누리는 것이다.

대부분의 우리는 아주 나쁘지도 않고 성숙하지도 못하다. 분노(감정)가 자기를 조절하지 못하게, 말씀 중심으로 옥토마음을 가꾸는 일이 성숙으로 가는 길이다. 그리고 감정과 말과 행동을 동시에 학습하고 조절해야 한다. 이것이 분노의 상황을 전화위복이 되도록 하는 현명한 선택이다. 자신의 분노가 어떻게 처리되고 있는가를 사건을 예로하여 깊이 생각해 보고 써 보는 것은 큰 도움이 될 것이다.

4. 자신의 분노는 본인이 풀어야 할 숙제다

분노는 즉석에서, 짧은 시간 내에 처리되어야 뒤탈이 없고 서로의 건강에 도움이 된다. 여기에 우리의 빨리빨리 문화가 분을 처리하는데 쓰여지기 바란다. 분노 처리는 빠를수록 효과적이고 유익하기 때문이다.

화난 상황은 언제나 존재할 가능성이 있지만 그것을 조절하고 표현하는 방법은 어디까지나 본인의 책임이다.

분노가 생기는 과정을 분석해서 어느 단계에서 어떻게 해결할 가를 점검한다.

* 분노가 일어나는 이유는 다양하고 사람마다 다르다. 분노가 일어나게 하는 사건을 트리거(Trigger)라 한다. 가장 흔한 트리거는 사건(상황)이다. 화가 나게 하는 사건을 안 생기게, 피하지 못하면 분은 지속될 가능성이 있다.

* 화가 올라온다고 자각되는 순간부터 그 분노상태에서 빨리 일단정지(STOP)하여 고정시킨다. 사진을 찍을 때 카메라 앞에서 웃음 짓고 동작을 멈추듯이 감정을 멈춘다. 우리의 특성은 욱하고 화가 올라오는 시간과 뚜껑이 열리는 간격이 빠르고 짧다. 분노조절훈련의 첫 걸음은 가능한 한 뚜껑이 바로 열리지 않고 서서히 열리게 학습하는 것이다. 분노 내적 관리와 분노표현 조절의 시작이다. 더 이상 화가 올라오지 않게 정지하는 것이다.

* 그 다음의 마음관리가 아주 중요하다. 최대한 빨리 인지, 생각(Thought)으로 감정을 옮겨 관리한다. 대화기술에서 언급한 분

노 자기관리다. 감정의 뇌에서 인지의 뇌로 옮겨 적극적으로 활용하여 마음의 스위치를 바꾸도록 한다. 이렇게 상황을 점검하고 감정을 가능한 한 제삼자의 입장에서 관찰하며 그 연관관계에 대해 생각한다. 긍정적 사고, 성숙한 방어 등을 생각하고, 반복하며 시간을 버는 것이다. 화냄의 훈련은 사건과 감정의 거리를 늘이고 감정과 생각의 거리는 줄이는 연습을 한다. 처음은 1초, 3초… 10초로 시작한다. 이정도 시간이라도 감정과 이성의 교류가 시작된다. 30초 정도 화를 참는 동안에 분노의 강도가 충분히 내려가는 것을 체험한다.

 * 동시에 자신과 대화를 시도한다. 분노에 대한 상황을 자신에게 설명하는 동안에 마음이 차츰 안정된다. 그런 후에 20분-30분을 더 벌 수 있으면 거의 성공적이다. 이 과정이 가장 넘어지기 쉽고 바꾸기 힘들다. 오직 자신의 희망과 노력이 얼마나 크게 좌우하는지 체험을 통해 알게 된다. 자신의 마음에게 '내가 왜 지금 화를 내고 있는가' 등의 질문을 할수록 생각하는 뇌가 활발하게 작동한다. 지금 내가 느끼는 이 마음(분노)은 무엇일까? 화가 올라오기까지 무슨 일이 있었는지, 과거의 일과 상관이 있는지, 이 정도로 화가 날 가치가 있나? 나를 망가지게 하면서 화를 낼 필요가 있나? 어떻게 무슨 말을 할까 등을 순간적으로 생각하고 정리한다.

 분노가 일어나는 원인이 자신이 생활신조로 가지고 있는 사고나 고정관념이 침범되기 때문인가, 부정적인 생각이나 기억 때문인가를 살펴보는 여유를 찾는다. 만약 신념이 비현실적이거나 부적절하고 부정적인 것이라면 우리의 삶을 부정적으로 인도한다. 부정적이면 긍정적으로, 부적절하면 적절한 신념으로 바꾸도록 노력해야 한다.

　상황에 따라서는 과거의 심리적 상처와 연관된 부정적인 생각이 자동적으로 떠올라 쉽게 화가 난다. 인간은 과거의 인생 체험을 기억하는 능력이 있는가 하면, 잊는 축복도 있다. 둘 다 많은 유익이 있고 인간을 인간답게 하는 역할을 한다. 어린 시절의 체험에서 생기는 기억은 삶의 상당부분을 조절하는 힘이 있다. 특히 부정적 사건이나 그때의 감정은 상처로 오랫동안 고통스런 기억으로 남을 수 있다. 어린 시절 상처는 화난 감정에 불을 붙일 수 있음을 이해해야 한다. 원하지 않았던 과거의 상처라 해도 이 또한 본인이 상처치유와 해결해야 할 과제다.

5. 상대가 화를 낼 때 나의 감정 조절과 표현

　상대의 언행에 의해 내가 분노를 느낄 때, 분노표현 대화기술은 본인은 물론 상대에게 큰 유익을 주는 행위다. 누구라도 먼저 잘 조절된 언행을 하는 것은 뇌의 거울신경세포가 기능을 발휘하도록 시동을 걸은 것이다. 잘잘못을 떠나 누구든지 먼저 자기를 관리하며, 상대의 화난 심정에 공감하면 분노의 열기가 가라앉기 시작한다. 상대도 화를 낼 수 있다는 것, 그 심정을 공감한 후에 대화를 이어 가면 분노폭발 방지를 하는 것이다. 사실상 분노를 일으키는 것들은 하찮은 일들이 대부분이다. 우리는 심하게 다투고 나서 왜, 무엇 때문에 싸웠는지 알 수 없는 경우에도 상처는 주고 받는다.

내 힘으로 조절하거나 통제할 수 없는 상황을 어떻게 해결해야 나와 이웃에 상처를 주지 않을까 고심 해야 한다. 화가 날수록 자기관리기술을 최대로 이용한다. 표정관리와 목소리를 낮추고 생각을 재정리하고 말을 참으며 충동적인 말과 행동은 피하는 것이 상책이다. 즉흥적으로 나오는 부정적인 말은 두고 두고 후회할 말이기 때문에 절대 삼가야 한다. 즉흥적으로 자기 하고 싶은 말을 하면, 화가 화를 부르고 큰 문제로 확대된다. 조절이 안 된 분노는 뇌에 나쁜 영향이 가고 따라서 몸에 해로운 물질들이 나온다는 것을 명심하자.

분노가 올라오려는 순간, 앞서 언급한 마음의 분노 관리를 시작한다. 친절하고 순한 표정(모나리자 미소)으로 상대를 바라보는 표정관리가 우선이다. 성급하게 자신의 말을 하지 않고 다음의 GEARR를 사용한다. 말을 하려면 낮고 부드러운 말 관리가 절대적이다. 목소리와 인상은 같이 붙어 다니기 때문에 하나를 관리하면 다른 하나가 따라온다. 무시하는 몸짓, 삿대질, 얼굴을 붉히며 달려들거나 큰 소리로 싸우려 하거나 욕을 하는 등도 본인에게 유익이 전혀 없다. 상대의 언행이·나를 화나게 하는 상황이라도, 아름다운 대화기술을 적극적으로 사용하면 대체로 성공한다. 연유를 따지기 전에 분노의 마음을 알아주고 인정하는 말은 의외로 분노를 쉽게 가라앉힌다.

이 세상에서 내 마음대로 조정하고 변화시킬 수 있는 사람은 자기 자신뿐이다. 상대의 것은 상대가 책임지고 내 감정과 그에 따른 행동은 자신만이 조절하고 변화할 수 있다는 것을 받아들이고 결단하는 사람이 용감하고 성숙한 사람이다.

6. 상대가 분노(심정)했을 때, 해결하는 대화기술

기어(GEARR-Good Listening, Empathy, Accept, Respect, Repeat)는 누구든지 화난 상황에서 분노를 받아 최대로 소각하는 방법이다. 아름다운 대화기술을 총동원해서 사용할 기회다. 따지거나 변명하거나 이해시키려 하기 전에 경청과 공감이 먼저다. 공감은 화가 서로 풀릴 때까지 지속하는 것을 원칙으로 한다. 그런 후에 자기의 속 심정을 대화기술을 사용하여 전할 수 있다.

* Good Listening(성의껏 경청) - 표정관리, 목소리 관리, 태도 관리를 하면서 화난 상대방의 말을 잘 듣는다.
* Empathy(공감) - 상대의 마음에 초점을 두고 공감한다. "정말 억울하고 불편했구나! 화가 났겠어요."
* Accept(용납) - 상대의 심정, 사정이나 기분을 그럴 수 있다로 받아 준다. 그 모습 그대로 존중받는다고 느낀다. "그래서 많이 속상했군요. 그럼! 화날 수 있지."
* Respect(존중) - 나와 다른 의견 심정 생각을 존중한다. "그런 생각을 해서 그렇게 결정했구나! 난 너의 선택을 존중해." 반드시 체면을 살려주며 대화한다.
* Repeat(반복 대화) - 또 듣고 공감하고 알아주고 받아준다. "그렇지. 그랬구나." 몇 번을 반복 할 수 있으면 분노에서 해

방되는 기쁨을 누릴 수 있다.

이러한 과정을 반복하는 행위는 분노를 줄이거나 소멸되게 한다. 별일도 아닌데 화냈다고 여기게 된다. 이 선에서 상대가 스스로 깨닫고 다음부터 조심하겠다는 마음이 생길 수 있다. 간혹 '나의 심기'를 표현해야 할 때가 있는데 나의 심정 표현으로 끝내야 한다. 상대를 끌어들여서 그의 기분, 상황, 표현을 나무라거나 탓하거나 무시하는 말은 아무 결실을 얻지 못한다. 내가 최선을 다해도 화가 풀리지 않는 사람이 있다. 그의 화를 다스리는 작업은 그의 몫이고, 그의 책임이다.

7. 분노조절과 분노표현 대화기술

어떠한 이유든지 나의 분노는 내가 책임지고 해소해야 할 내 문제다. 다음의 몇 가지를 연습하여 분노 표현을 성숙하게 하자. 분노가 올라오는 순간을 포착하여 더 이상 퍼지지 못하게 정지시킨다. 최대한 빠르게 감정에서 생각하는 뇌를 사용한다. 동시에 앞서 언급한 자기관리를 시작한다. 그리고 화난 마음을 인정하고 인식하며 "화가 나는 것은 정상이다, 화 날 수 있다."고 자신에게 말한다. 그러나 어떻게 화를 알리는가는 자신의 성숙도임을 생각한다. 고급의 뇌가 바르게 사용되게 하는 기회다.

모든 대화기술을 총동원하여 대화를 시도한다.

* '화가 나기 시작 했구나'를 인식 하자마자 표정관리. 모나리

자 미소, 목소리 관리, 마음관리를 하는 것이 분노표현의 시작이다. 그리고 마음밭 관리를 위해 간절히 기도를 한다.

* 화가 올라오면 나의 감정이 뒤흔들리고 나의 두뇌는 기능이 제대로 되지 않아 판단을 바로 할 수 없다는 것을 인정한다.
* 판단이 흐려지고 이성을 잃게 되면, 평소의 내가 아닌 '다른(괴물) 나'가 될 수 있고, 이럴 때 가끔 내가 나를 조절하지 못하고 분노가 나를 조정할 수 있음을 받아들인다.
* 끓어오르는 분노의 덩어리를 삼키며 일단 정지상태를 2-3초에서 30초 정도 유지한다. 눈을 감는다, 1-10까지 센다, 손을 비빈다, 깍지를 낀다, '주기도문'을 외운다. '기도한다, 잔기침을 한다, 물을 틀었다 잠근다, 물을 마신다, 청소기를 돌린다.' 등을 하며 생각하고 신체를 움직이며 인지의 뇌를 자극한다.
* 분노의 순간에 생각나는 말, 감정 섞인 즉흥적인 말은 절대로 하지 말아야 한다. '그래도 화가 자꾸 치밀어 올라오는데…,' 다시 삼킨다.
* 분노의 정체, 원인에 대해 나의 고정관념, 신념, 사고, 기억들과 연관 있는지 생각한다. '네가 그러는 걸 보니 나의 사랑과 신뢰가 필요하구나.' 하는 배려와 이해하는 마음을 가진다.
* 큰소리를 내야 하는 경우는 말을 참거나 수화로 할 수 있다. 말은 짧게, 간단하게 하되, 될 수 있으면 말을 하지 않고 고개만 끄덕인다. 유머를 사용하는 것이 유익하기는 하나 빈정거리거나 비하성 유머는 금한다.

* '분노 관리가 잘 안 되는구나, 참으로 힘들다.'를 인정한다.
* "이야기하면 폭발할지 모르겠군, 다음으로 연기해야겠다."로 결정했으면 "내가 화 안 내고 이야기하고 싶은데 어려워요, 저녁 후에 다시 얘기해요."라고 천천히 낮은 소리로 말한다.
* 상대가 화가 난 나에게 GEARS의 대화통로를 사용하면 나의 분노가 가라앉는다. 내가 화난 상태에서 상대의 도움을 받아 문제가 확대되는 것을 막을 수 있다는 것이다.
* 상대가 무슨 말을 하든지 공감한 후 내말을 한다. 이때 대화기술을 전적으로 사용해야 효과를 본다.
* 자신의 화난 상태, 언짢은 심기를 표정관리, 생각, 언어관리를 하면서 내 마음 전달법을 사용한다.
  "엄마에게 큰소리로 대드는 모습을 보니 무시당하는 것 같아.! 조용히 이야기 하자."
  "연락도 없이 늦으니 걱정이 되고 속이 타는 것 같아."
  "숙제 밀린 것을 보니 내 속이 답답하고 걱정도 되는 구나."
  "16살인데 밤늦게 친구 태워 운전하는 것이 위법이고 위험해서 걱정돼."
* 자신이 상대의 어떤 말에도 분노조절이 가능하면 상대에게 질문기술을 사용할 수 있다. 상대의 답이 화를 더 부추길 가능성을 배제할 수 없기 때문에 준비된 상태에서 질문을 해야 안전하다.

위의 방법을 지속적으로 사용하면, 상대도 같은 방법으로 그들의 분노를 다스린다. 분노의 상황은 어쩌면 자신의 변화된 모습을 증명할 수 있는 길이고, 더 화목한 관계를 가질 수 있는 기회가 될 수도 있다. 분노라는 감정은 언제 어디서 튀어나와 잔잔한 마음을 뒤엎을지 모른다. 그러나 분명한 것은, 본인이 어떠한 마음으로 어떠한 선택을 해서 어떻게 처리하느냐에 따라, 약이 되기도 하고 병이 되기도 한다.

화가 나는 상황에서 화내지 않으면서 일을 처리하고 협상하여 문제를 해결하는 능력은 대화기술을 효과적으로 활용하는 데서 비롯된다. 공동체 문제를 원만으로 이끌어 가는 사람은 인간관계가 좋고 사회성이 발달되었다. 그는 원만하고 성숙한 성품을 소유한 지도자라 할 수 있다. 이런 사람은 하나님께서 인간에게 주신 잠재능력을 양성하고 개발하여 하나님의 능력을 소유하기에 이르렀다. 세상을 화평케 하는(peace maker) 능력의 소유자라는 뜻이다.

8. 분노와 다른 부정적 감정의 혼합

분노관리는 다음의 요소를 고려하고 이해하는 것이 도움이 된다. 분노는 단독 감정이지만 다른 부정적인 감정과 겹쳐서 생기는 경우가 있다. 이럴 때는 보통보다 쉽게 분노하거나 심하게 표현된다. 불만이 많고 죄의식, 수치를 느끼거나 스트레스와 불안 등 부정적 감정과 어울려서 생길 때 그렇다. 신체적으로 피로가 축적되고, 배고픔, 신체적 불편함이 있을 때 화가 쉽게 일어난다. 아이들이 배고프거나 졸릴 때 짜증내고 화를 내는 경험을 한다. 과거의 깊은 상처가 치유되지 못한 상태에서 과거의 상황이 재현되거나 기억이 되살아나는 경우에 분노 조절이 어렵다. 상처 치유와 분노조절 학습이 병행되어야 분노에서 자유스럽게 된다. 알콜, 마약, 독물 등의 외부적인 요인도 분노 발현을 촉진하고 해결하기가 더욱 힘들다.

　분노 자체는 질병이 아니다. 그러나 어떤 이유든지 조절이 전혀 안 되어 자기 자신이나 이웃에 타격을 주는 행위에는 분노조절장애라는 병명을 붙이기도 한다. 정신적인 문제나 정신적인 질환이 있는 경우는 분노가 증상중의 하나로 나오는 것을 흔하게 본다. 이럴 경우 표현의 정도가 심각할 수 있고 공격성을 동반하며 싸움을 걸거나 충동적이고 폭력적인 증상을 쉽게 나타낸다. 이런 환자들은 치료와 더불어 분노관리의 학습을 해야 효과적이다. 분노관리는 정신적으로 분노를 다스리려 결단한 사람, 배움과 학습을 마다하지 않는 사람이, 먼저 시작하는 것이 마땅하다. 이런 사람은 건전한 내적 힘과 능력을 적극적으로 사용하려는 용기 있는 사람이다. 사랑하는 사람이 분을 다스리지 못한다면, 어떻게 해서든지 도와주어야 한다. 그리고 스스로 분을 다스리도록 동기부여를 해 주며 함께 성숙해 가야 할 것이다.

다섯째
장

대화의 문화장벽이란 무엇인가?

다섯째 장
대화의 문화장벽이란 무엇인가?

40대 초반에 접어든 K씨 부부, 남편은 과묵하고 아내는 순종적인 잉꼬부부다. 부부는 어느 정도의 불만이나 불편은 잘 참았고, 각자의 방식대로 남부럽지 않게 산다고 자신하던 터였다. 단란한 가정을 유지하던 부부 사이에 갈등의 시작은 10세 딸과 13세 아들의 양육과 교육 문제 때문이었다. 부부는 조심스럽게 자녀와 몇 차례 대화를 시도했다. 자녀들은 부모가 자기들을 이해하지 못한다며 이제는 대화 자체를 거부했다. 자녀와 대화하려는 노력이 수포로 돌아가며 부부간에 의견이 갈리고 다툼이 잦아졌다. 그들답지 않게 사소한 일에 화를 냈고, 전에는 생각지 못했던 소통의 어려움을 겪었다. 조용했던 이 가정에도 말 한마디 잘못으로 불화가 쉽게 왔다. 해결의 기미가 보이지 않자 부부는 서로를 탓하며 상처 주는 말도 서슴지 않았다.

나무랄 것 없는 부부라고 자신했던 그들에게 현 상황은 몹시 괴로운 일이 되었다. 가정의 불화가 빠르게 번지자 지금까지 노력했던 해결책이 무의미하게 되었고 앞길이 막막했다. 그들은 참아도 해결되지 않고 화를 내고 야단을 쳐도 안 된다는 자신들의 한계를 받아들였다. 그리고 해결을 찾아 대화교육의 문을 두드렸다.

효과적인 대화는 갈등을 해소하고 문제를 해결하는 힘이 있다. 이 힘이 그 역할을 제대로 수행하려면 우리는 좁은 문을 통과하고 장벽을 넘어야 한다. 이 부부도 그들의 앞길을 막고 있는 대화문화 장벽에 부딪쳐서 문제 해결에 어려움을 겪었던 것이다. 불통, 다툼, 상처와 불행의 주범인 우리의 높은 산, 대화문화의 문제들을 분석한다.

1. 권위적 대화

가부장적 수직적 위계질서가 우리 문화의 중심에 자리하고 있다. 남과 여, 어른과 아이, 부모와 자녀, 상관과 부하, 심지어는 양반, 지식인, 지도자 등의 의식구조 속에서 갑과 을의 불평등, 전 근대적인 독재나 행포를 가능하게 하는 구조다. 권위로 강요된 사고와 행위는 세계화시대 현대인들의 욕구를 절대로 만족시키지 못한다. 우리를 문화적 후진국 수준에 머물게 할 수 있는 약점이다. 개인에게는 상처를 주고, 이웃, 세대간에 불통을 가져오고, 사회는 불평등하게 된다. 수직적 인간관계는 무조건 복종을 요구하는 일방적 대화를 요구한다. 이런 대화법칙에 따르면 눈을 내리고 조용히 듣는 태도를 가진 순종적인 사람을 쓸 만한 사람이라 여긴다. 윗사람을 바로 쳐다보는 것을 건방진 태도이고, 자기 말을 똑 부러지게 하는 아이는 어른을 존경하지 않는다고 판단한다. 세대는 변하고 있지만 이와 같은 강요와 협박은 여전하다.

이런 면에서 한국과 미주 이민사회는 비슷하다. 이민자들이 이민 왔을 때의 시점에서 의식이나 문화가 정체되어 있는 점은 주목할 만하다. 이민생활 기간의 길고 짧음에 관계없이 주류 서구사회의 수평적 관계로 변하지 못하고 있다. 이는 세대간 문화적 차이, 인식의 차이, 갈등, 불화와 정신적 고통과 사회적 문제를 더욱 두드러지게 하는 요소가 된다.

반면에 다른 문화권(미국)에서는 상대를 바라보고 자기 말을 할 수 있어야 능력자로 간주한다. 눈을 직접 바라보지 않으면 자신 없는 태도라고 본다.

이곳(미국)에서 우리 아이들은 두 문화권에서 산다. 학교가 민물이라면 집은 짠 물이다. 그 사이에서 아이들은 소리 없이 울 때가 많다. 문화의 차이에서 오는 이질감은 사회 적응에 어려움을 가져오고 혼란스런 정체성을 갖게 한다. 문제의 대부분은 말하는 내용보다 대화 스타일의 다름이다. 이런 환경에서는 아이들이 자기주장을 말할 수 있는 용기를 잃고 자신감 없는 자녀로 성장할 가능성이 높다. 여기서 필요한 것은 자기의 생각을, 하고 싶은 말을 떳떳하게 할 수 있는 대화문화를 가정에서부터 만들어 가는 것이다. 우리 문화에서는 전문교육을 받은 부모(보스)도 이것을 잘 이해하지 못한다. 부모들도 가부장, 권위적 가정에서 비슷하게 학습 받고 자랐기 때문이다.

여러 가지로 열심히 자식농사를 한 것이 결국은 자신이 자란 그 환경을 재현하려는 노력이 되어버린다. 자녀는 독재적인 아빠와 그에 동조하는 어머니에 대항하며 불화가 일어난다. 그들은 빗나가거나 자신 없는 불행한 청소년이 되기도 한다. 흔히 두 가지 문제행동을 동시에 가지는 청소년이 될 수밖에 없다. 행복하지도, 행실이 좋지도, 학업을 잘 하지도 못하는 문제아가 된다. 이런 상황에서 대부분의 어른들은 자녀들은 물론 배우자와의 관계에서 어떻게 해야 할지 몰랐다. 그럼에도 알려 하거나 배우는 것을 꺼려하던 사회적 분위기가 변해가고 있는 것은 희망적이다.

2. 자기애적(내가 의롭다) 의식과 대화

'내가 옳고 의롭다'는 의식을 가지는 사람이 늘어간다. 이런 생각으로 대화한다면 자기애적 대화가 된다. 여기서 벗어나지 못하는 우리의 무식은 불행을 가져 온다. 우리는 자신의 의로움을 내새우며, 나의 생각은 옳고 너의 것은 틀렸다는 이분법을 사용한다. 우리는 각자의 옳음이 존중받아질 때 즉 남의 옳음을 내가 인정할 수 있을 때 나 자신의 옳음이 받아들여진다는 것에 친숙치 않다. 자기만 의롭다, 옳다는 대화는 더 이상 힘이 없다. 인간의 유일성, 동등성과 존중을 상실한 이러한 대화는 불통과 단절의 큰 불씨가 된다.

한국 사람은 높은 교육수준과 더불어 여러 재능에 뛰어나다. 삶에 대한 열정 또한 남달라서 크게 성공했다. 그런 만큼 내가 옳다는 생각에 꽉 차있다. 자신의 의로움은 하늘 높은 줄 모르는 사람처럼 보인다. 현 시대 어른, 부모는 과거와 달리 자녀들을 무조건 올려주고 그들에게 최고의 것을 주려 한다. 부모는 자녀가 가장 소중하다는 생각을 하고 자녀는 자기가 마땅히 소중하다고 믿는다. 이와 같은 환경 속에서 자녀는 자기애는 당연한 것으로 여기며 성장한다. 어려운 환경에서 성공한 사람 또한 자기주장이 강해서 어렵지 않게 고집불통이라는 말을 듣는다. 우리의 약점은 남도 자기만큼 소중하다는 것을 학습하고 깨닫지 못하는 것이다.

자신의 의견이나 생각이 100% 옳아서 남이 말을 하기 전에 내가 먼저 내 말을 해야 직성이 풀린다. 자신 때문에 받을 이웃의 입장이나 상처에는 아예 무지하다. 이런 사람의 인간관계는 원만하지 못해 주위 사람들이 떠난다. 자기애에 차 있는 사람은 여기서 말하는 공감적인 대화를 모르는 이기적 사람이다.

상대가 동의하지 않거나 다른 생각을 가질수록, 나의 옳은 말을 더 정확하게 더 강력하게 말하려 노력한다. 어떻게라도 저쪽을 설득시키려고 열을 올린다. 자기 말을 잘 듣고 따르도록 하는 것이 상대를 위해 해 줄 수 있는 최선이라고 생각한다. 이것이 성공하는 것처럼 보일 때도 있으나 그렇지 않다. 특히 부부간이나 사춘기 자녀, 아픔을 겪고 있는 환우와는 더욱 그렇다. 경청하기 보다는 서로 자기 말을 앞세우다 보면 불화로 이어지게 마련이다. 이것이 개인, 가정, 교회의 그리고 넓은 사회의 곳곳에 분란을 일으키는 큰 원인 중의 하나다.

내 말 대신 남의 말에 경청하고 공감하는 것은 저절로 되는 것이 아니다. 어린 시절에 남의 권리, 심정, 고통에 대한 존중과 공감을 배우지 못한 사람은 그것을 할 수 있는 마음이 어떤 것인지 모른다.

인간은 자기를 사랑하고 보호하려는 본능이 있다. 서로 자기를 보호하려는 노력 속에서 우리는 상처를 주고받는다. 불화하고 불행한 관계에서 벗어나기 위한 처방이 수평적 대화, 공감대화다. 우리가 자기애적 대화 대신 진정으로 남을 공감하는 대화기술을 배워야 하는 이유다.

3. 남을 존중할 줄 모르는 대화문화

제2장에서 '예수님의 제자는 나를 사랑하듯이 남을 존중하고 사랑해야 한다'고 배웠다. 우리의 문화에서는 그 내용이나 태도가 좁고 조건적인 것이 되어 문제를 일으킨다. 존중할 만해야 존중하고, 사랑할 만해야 사랑하는 마음이 사람의 도리를 행하는 데 걸림돌이 된다. 여기서 존중하라는 것은 귀한 생명체, 인격체를 조건 없이 귀하다고 인정하는 것이라 했다. 나의 생각이나 말이 소중하듯 남의 생각이나 말도 동일하게 소중하다는 마음 없이는, 어떤 말도 상대의 마음을 움직일 수 없다. 한 마음이 되지 못한다.

이 세상에 존중할 수 없는 사람은 존재하지 않는다. 모든 사람은 조건 없이 사랑과 존중을 받아야 살고, 받을 자격이 부여되었다. 누구도 그런 인간에게 상처줄 권리가 없다는 진리를 알고 실천할 수 있는 마음이 옥토마음이다. 어떤 사람이 옥토마음을 가지고 존중하고 사랑했는데 상대는 전혀 받지 못했다고 한다면 그 이유는 대화기술이 부족해서다. 우리는 일상에서 무시 받거나 모욕을 당하는 갑을의 관계를 많이 본다. 한쪽은 상처를 받고 결과적으로 불만, 불화 나아가 관계단절, 사회적 문제로 이어진다. 대화 방식의 개선과 마음가짐의 훈련이 시급하다는 결론이다.

마음을 옥토로 하고 그 마음을 효과적인 대화기술을 사용해서 표현할 때 우린 평안을 누릴 수 있다. 이웃을 내 몸과 같이 사랑하고 사랑하는 것을 제대로 전달할 수 있는 대화기술이 여기서 소개하는 아름다운 대화기술이다.

4. 용납하지 못하는 대화

나의 의견에 반대하는 상대를 용납하지 못하고 상대와 다른 나의 말(의견, 생각, 감정)을 받아들이지 못하는 것이 우리 문화의 약점이다. 자신의 의견에 반대표를 던지면 자신을 거부하거나 배반하고 인격을 무시한다고 여긴다. 회의 때 회장이 낸 의견에 반대한 사람은 회장을 거부하는 적이 된다. 내편 아니면 적이라는 논리다. 자신의 의견이 최선이라 할지라도 남들이 반대할 수 있다는 점, 자신과 다른 의견을 가질 수 있고, 그것을 말할 수 있다는 점을 인정해야 한다. 이것이 언론의 자유와 권리의 기초다.

서로 다른 점을 존중하고 받아들이는 것을 배우지 못하고 성장한 우리는 서로 용납하는 대화를 못한다. 이런 대화는 소통이 거의 불가능하다. 불통이 될 수밖에 없다. 가족 사이에 갈등과 사회적 문제를 증가시키고, 타협이나 협상에 익숙지 못하게 만드는 이유이기도 하다.

5. 삐지고 등돌리는 문화

일어나는 갈등과 불화를 예방하고 치유하는데 또 다른 어려움이 있다는 것을 기억해야 한다. 우리의 조상은 여러 가지 수모와 상처를 꿋꿋하게 견디며 여기까지 왔다. 우리는 이 아픔이 적절하게 치유되지 못한 채 피나는 노력으로 문명국이 되었다. 아물지 못한 상처가 가정과 사회에서 지속적인 트라우마로 남아있다. 그 결과로 서로 등을 지고 많은 결손가정이 존재하게 되었다. 정이 많은 우리의 국민성은 서로 의지하면서도 쉽게 마음에 상처를 입는다. 한번 마음에 트라우마가 생기면 잘 풀리지 않아 뒤끝이 질기다. 싸우거나 논쟁을 한 후에 다시 얼굴보고 평온한 마음으로 화해하지 못하는 약한 면이다. 우리의 문화는 문제와 행위 그리고 사람을 동일시 해서 문제해결을 하려 한다. 특히 자기의 상한 감정에 더 무게를 둔다. 상처받은 감정이 자기를 지배하기 때문에 그것이 공격적인 자기 보호 반응을 일으켜 문제를 복잡하게 만든다. 다툼 후에 화해하는 일, 화해한 후에 평정한 상태로 되돌아가는 것이 몹시 불편하고 어려운 과제가 된다. 삐지기 잘하고 삐진 마음을 풀 줄 모르는 것이 상처받은 우리의 마음이고 그 마음이 우리의 문화에 그대로 배여 있다. 그때그때 상한 마음을 풀지 못하면, 우리 마음에 뇌에 악영향을 미친다. 싸우더라도 되도록 신속하게 화를 풀고, 관계개선을 도모하는 방법을 찾아야 우리는 편안하고 건강한 삶을 살 수 있다.

6. 서투른 감정표현은 상처를 남긴다

인간은 각종 문제와 갈등을 항상 곁에 두고 산다. 힘을 다해 문제를 해결하려 노력하지만 해결하지 못한 문제가 더 많다. 문제와 갈등을 해결하려는 과정에서 아는 대로 습관대로, 대화하다가 상처를 주고받는 것을 자주 접한다. 그 이유의 하나는, 상한 감정과 그에 연관된 생각 등을 표현하는 것이 서툴러서 오는 문제다. 인간은 감정과 사고를 언어로 연합하여 표현하는 능력을 하나님의 선물로 받았다. 그래서 문명을 일구었고 '만물을 지배'할 수 있게 되었다. 감정은 동물이 생존하기 위해 가지고 있는 무기의 하나다. 고등동물인 인간은 감정의 표현이 자신의 생존과 번영을 최대화하기 위해 고도로 발달되었다. 감정과 사고의 표현이 세대와 문화의 차이를 가지고, 인간관계에 영향을 미친다. 각자의 사고와 감정을 표현하는 말이 대화의 대부분을 차지하고 그 말에 따라 인간관계의 질이 정해진다 해도 과언이 아니다.

감정의 표현은 막중한 임무를 가지고 있지만, 한국 전통문화에서는 감정(희로애락)의 표현을 최소화하라고 가르친다. 감정이 일어나면 표현하는 대신 먼저 억누르라는 것이다. 감정표현이 무딜수록 점잖은 사람이고 인격자라는 관습이다. 그래서인지 한국 사람은 무표정해서 화난 사람 같다는 평을 받는다.

우리는 갈등이 생기면 분노와 비슷한 부정적 감정이 즉각적으로 일어난다. 꼭 필요할 때 감정조절이 안 되어 쉽게 흥분하고 분노한다. 때와 장소를 가리지 못하고 인격을 비하하고 손상하는 말로 상처를 준다. 이러면 인간관계는 단절되고 개인, 가정과 사회는 그만큼 빈약해진다. 절제되고 정제되지 않은 분노폭발은 어디에도 쓸모가 없다. 엄청난 댓가를 치러야 하는 경우가 다반사다. 감정은 사고와 더불어 학습을 통해 뇌의 충분한 성숙과 발달을 거친 후에야만 조절이 가능하다. 풍성한 감정과 생각의 표현이 적절하게 효과적일 때 원만한 대인관계를 바랄 수 있다. 감정표현을 참조해서 훈련하는 것이 도움이 된다.

7. '너 때문에' 대화, 내로남불 문화

우리는 문제에 부딪히면 우선 화살을 상대에게 향한다. 갈등이나 불화가 있으면 본인에게는 문제가 없고 이웃, 사회, 국가 나아가 세상을 나무란다. 자신의 희노애락이 '너 때문'이라는 사고다. 내가 더 옳고 상대는 틀렸다, 네가 나를 괴롭혀서 인생이 엉망이다, 네가 잘해야 내가 기쁘다 등의 사고를 가지고 산다. 자신의 행복과 불행은 자녀나 배우자 등 이웃의 마음과 언행에 의해 좌우된다는 생각이다. 이는 자신의 마음과 언행을 이웃에 떠넘기는 것과 같다. 이러한 사회적 문화는 가까운 사람, 소중하게 여기는 사람에게도 어김없이 적용된다. 상대를 탓하고 공격하는 사람과 함께 산다면 그 가족관계는 병적 관계가 되기 쉽다. 당하는 사람은 자기 비하를 하여 자기는 당해도 마땅한 사람으로 여긴다. 심한 경우는 병적상호의존이 되고 양쪽이 다 고통스럽게 된다.

남을 탓하는 사람은 작은 언쟁에도 상대가 자기를 인신공격하거나 정죄를 한다고 여긴다. 나의 불행은 너의 탓이라는 생각은 남을 공격하거나 탓하는 언행을 하는 이유가 된다. 양쪽 다 미성숙한 자기 방어방법으로 상대를 공격하여 마음에 상처를 입는다. 너 때문에 대화는 책임회피 대화다. 자기의 감정이나 인지에 자기가 책임을 지는 대화로 바꾸어야 효과적으로 대화를 할 수 있다.

8. 문제인식의 부재, 책임지지 못하는 문화

위에 언급한 남의 탓 대화의 밑에는 책임의 문제가 있다. 인간은 창조주로부터 각기 능력과 그에 대한 책임을 부여받았다. 자기 자신에게는 절대적 책임이 있고 배우자와 자녀에게 그리고 이웃에 대해서도 상당한 책임이 있다. 부모는 자녀양육, 가정교육을 우선으로 책임지고 행해야 한다. 자녀가 책임을 가지고 할 일을 하고 행동을 하도록 돕고 지도하는 임무다. 자녀들은 학교 일은 물론, 집안일에 동참, 시간관리, 경제적 관리, 예의 범절, 윤리도덕성, 인간관계, 신앙생활, 감정관리 등 자신이 책임지고 해결해야 하는 일을 배워야 한다. 여기서 언급하고자 하는 것은 감정처리에 대한 책임이다. 자신의 감정을 어떻게 처리할까를 학습시켜 가정인, 사회인, 지도자다운 지도자가 되도록 돕는 사람이 부모다. 부모가 감정처리에 대해 권위자가 되어야 자녀를 훈련시킬 수 있다는 것을 명심해야 한다.

우리는 문제를 접하는 순간 자신의 감정과 처리능력을 인지하기 전에 누구를 탓하는 버릇이 있다. 우리는 어려서부터 남을 위해 공부하고 언행을 결정했다. 때문에 자신이 어떤 일에 책임지는 것이 약하다. 더 큰 우려는 남을 탓하며 성장한 부모가 동일한 방법으로 자녀양육을 하는 경우다. 부모나 자녀 모두 자신에 책임을 진다는 책임한계가 모호해지는 것이다. 결국 자신의 감정이나 언행에 대해 자신의 잘못이 무엇인지 어떠한 책임이 있는지도 파악이 안 되는 사람이 된다. 이렇게 되면 자기는 옳고 자기에 대한 비판의 소리는 들리지 않는다.

자기가 할 일, 책임을 모르는 사람이 권력가나 재력가 혹은 지도자가 되면 국가는 부정부패로 무질서해져서 서민들은 불행하다. 지도자는 자신과 주위나 기관 전체를 책임질 수 있는 능력이 있어야 한다. 누구도 책임지지 않는 사회나 국가는 불신과 불화의 장이 된다. '나는 불법이나 편법을 해도 타당하지만 너는 안 된다'의 내로남불의 행위를 죄의식 없이 행하는 문화가 자리 잡는다. 이러한 기성세대의 문제가 개선되어야 다음 세대가 기를 펴고 세계로 나갈 수 있다. 자신의 말, 감정, 사고, 행동에 책임을 지는 대화문화를 형성하는 것이 시급하다.

9. 상대적 박탈감에 우는 배 아픈 문화

한국의 부와 발전한 문명은 경쟁적인 교육열을 무기로 사용해서 이루었다. 자녀를 위해서 소를 팔고 논을 팔아 서울로, 외국으로 유학 보냈던 부모가 있었기에 잘 살게 되었다. 각박한 삶에서 일군 성공이었기에 더욱 소중했고 자랑스러웠다. 부유해지면서 경쟁심리와 그에 따른 부작용이 만만치 않게 스트레스로 부각했다. 날이 갈수록 상대적 박탈감은 심각한 수준에 달했다. 남이 나보다 더 좋은 것을 가지면, 심통이 나고 배가 아픈 정도에서 사회적 이슈로 부각되었다.

남의 성공을 함께 기뻐하고 축하할 수 있는 여유와 능력이 결여되었다. 여기에 남의 의견을 용납하지 못하는 우리의 문화가 더해서, 모였다 하면 분열되는 슬픈 문화가 자리하고 있다. 이 모두 심한 경쟁에서 이루어낸 성취의 부끄러운 부작용이라는 것을 의심치 않는다.

유명 대학들은 적극적으로 세계의 지도자를 찾고 있다. 남의 기쁨에 진심으로 축하하고 공감할 줄 알고, 남의 고통에 참여할 줄 알고, 실족하는 사람과 함께 평안을 주는 진실한 사람을 발굴하기 위해 세계를 두루 누빈다.

10. 체면, 창피문화 그리고 수치와 죄의식

인간은 자기의 가치와 정체성을 소중하게 여긴다. 한 많은 우리의 역사는 우리 국가와 민족이 소중히 여기는 것에 상처를 입혔다. 우리국민은 외부의 사건에 의해 자존심에 상처를 받았고 치유되지 못한 상태로 대대로 고생하고 있다. 상처받았다는 사실이 일상화되어 일상에서는 생각 안하고 잊어버리고 살지만 내적 상태는 완전치유가 된 것이 아니다. 찢겨진 자존심을 지키는 것에 예민할 수밖에 없다. 개인과 가족의 자존심과 체면을 지키는 일이 우리 문화의 특징이 되었다. 수치와 모욕으로부터 자기를 보호하기 위해, 지나치게 남을 의식하고 남의 평가에 촉각을 세운다. 남의 평가나 비판 때문에 자존심이 상하게 되면, 그것은 수치심으로 내면에 쌓인다. 이런 사람은 자기가 부끄럽다고 생각하는 내면(수치심)이 드러나는 것이 두려워 말을 못한다. 이렇게라도 체면을 유지하고 품위를 지키는 것이 우리문화다. 그 결과로 자기보호막에 둘러싸인 외로운 삶을 살아야 한다. 우리는 남을 비판하는 말로 그 이상의 비판을 받아도 평가하고 비판하는 버릇을 고치지 못한다. 남의 체면을 살려주고 지키게 하는 우리의 관계문화는 빈약해서 관계가 쉽게 깨진다는 것을 기억해야겠다.

상처를 받은 사람은 그의 상처를 통해 남을 이해할 수는 있지만, 자신의 상처가 돌봄을 받지 않은 상태라면 떳떳하게 자신의 마음을 열 수 없다. 따라서 공감적이기보다는 방어적으로 대화를 한다. 세계화 과정에서 우리의 창피와 체면문화는 오해와 논란의 대상이 되기에 충분하다. 이런 상태에서 우리의 대화는 쉽게 불통이 되고 관계는 불화하고 단절되기 쉽다. 이는 한 사람만의 문제가 아닌 우리 모두의 것이다.

근래 세계화 시대가 되면서 다문화 사회로 급속히 발전하고 있다. 문화적 이유 때문에 갈등이 더해지고 관계단절이 증가한다. 문화적 차이를 이해하고 우리의 좋은 점은 장려하고 바꾸어야 할 것은 용기를 내어 더 좋게 변화해야 할 시기에 와 있다. 소통, 대화기술의 차이는 문화적 차이와 더불어 극복해야 할 과제다.

11. 침묵은 금, 인내하는 문화

자고로 침묵은 금이라는 교훈을 받아왔고 지금도 그렇다. 분노나 심한 억울함을 인내로 침묵하는 사람은 자신과 이웃을 살리기도 한다. 인내심은 성숙한 내면의 모습이고 불화를 줄이는데 도움이 된다. 이런 침묵도 대화 없이는 관계개선이나 치유하는데 역할을 하지 못한다. 때에 따라서 불화의 덩어리가 된다는 것을 알아야 하겠다.

말로 하지 않아도 상대가 알 것이라는 가정하에 침묵하는 사람이 있다. 이러한 가정은 사실과 다르고 정확하지도 않다. 자신도 자신의 마음을 모를 때가 허다 한데, 남의 마음을 나의 식대로 해석한다는 것은 옳지 않고 여러 위험이 따를 수 있다. 현실을 왜곡하거나 오해의 여지가 많다는 것이다. 인간은 자기중심적이어서 자연적으로 상대도 자기와 같은 마음을 가진다고 생각하기 때문이다. 남의 행동을 넘겨 짚고 확신하는 성향을 가지고 대화를 하면 불신을 키우게 된다. 때문에 우리는 침묵이 금이라는 명언은 명심하되, 의사소통이 없는 침묵은 재고해야 할 우리의 과제다.

12. 고정관념에 집착

인간의 신념과 고정관념은 성장기의 교육, 학습, 습관과 삶의 체험에서 형성된다. 우리의 사고와 행위는 고정관념의 지배를 받는다. 자신이 중요하다고 생각하는 것일수록 그렇다. 고정관념은 대체로 경직되고 왜곡되어 현실에 부합하는 것 같으나 비현실적이다. 특히 그 대상이 자기에게 귀중한 사람(자녀…)일 때는 거의 강박적인 수준이다. 이런 생각은 누구에게 도움이 되지 않고 어쩌면 큰 화를 부를 가능성이 높다.

우리의 고정관념의 우두머리가 '모 아니면 도' 흑백 논리다. 이거 아니면 저거, 우 아니면 좌, 항상, 언제나, 하나를 보면 열을 안다 등 틀에 박힌 생각이다. 옳고 그른 것의 이분법 생각과 판단이 강하다. 수학을 못하니 대학은 못 간다, 부모에게 대드는 것을 보니 인간되기 틀렸다 등 과대하게 부정적이다. 흑백논리 이외에도 여러 형태의 자동적 부정적 생각(Automatic Negative Thoughts, ANTs)들이 우리의 발목을 잡는다. '안 된다' '못한다'라는 자동적인 생각은 모험이나 체험을 두려워하고 불안해하는 자신감 없는 삶을 살게 한다.

  행동이나 일 등에 부정적으로 예측하고 지레짐작하거나 가정하는 것 그리고 과잉으로 일반화시켜 과대해석 하는 것 등은 현실적이지 않은 사고들이다. 이런 관념은 특히 자녀를 이해하고 관계를 가지는데 갈등의 요소가 된다.

  우리는 이심전심의 문화를 갖고 있다. 말을 안 해도 내가 상대의 마음을 안다거나 상대가 나를 안다는 것을 의미한다. '그럴거야, 그래, 틀림없어.' 등 마음을 넘겨짚고 지레 짐작하는 습성이다. 이러한 추측을 현실이라고 확신하는 경우, 불화는 기정사실이 된다.

  고정관념에 따른 관계 불화의 심각성을 인식하고 현실을 직시하는 것이 관계 발전을 하는데 도움이 된다. 자신을 괴롭히고 관계를 방해하는 고정관념은 긍정적, 공감적인 것으로 대신해야 한다. 창의적인 신념을 소유한 사람은 마음이 편안하고 자신감이 올라가며 불화는 줄어든다.

13. 빨리빨리 문화

  우리는 빨리빨리 문화를 자랑한다. 대화에서도 상대의 말이 끝나기 전에 자신의 의견을 먼저 말하는 습관이 그것이다. 나의 하고 싶은 말을 무척 참기 어려워한다. 경우에 따라서 권고나 충고를 빨리 하고자 한다. 이유를 듣기 전에 배우자, 자녀나 부하 직원들에게 잔소리하고, 강요하며 설교나 훈계도 곁들인다.

남의 말이 채 끝나기도 전에 자기변명을 하거나 이해시키기에 급급하면 대화가 빗나가고 서로 불편해진다. 남의 잘못이 자기 것보다 더 빨리 잘 보인다. 그러면 빨리 탓을 하고 빨리 화가 난다. 이런 방식의 소통은 불안정하고 사소한 문제가 오해와 다툼을 거쳐 큰 싸움으로 발전할 수 있다.

대화의 원칙은 듣기를 빨리하고 내 말은 기다렸다 천천히 하며 남의 필요에 항상 민감하라는 것이다. 남의 필요를 감지했으면 이에 상응한 행동이 따라야 함은 물론이다.

14. 말, 악플, 무례한 농담

요즈음 세상은 남이나 세상 탓하기를 서슴지 않는 것을 당연하다고 믿는다. 남의 약점을 비판하고 비난하는 것에 상당히 용감하다. 남의 탓, 부정적인 표현, 약점을 꼬집거나 부풀려서 주제로 삼는 악플은 심각하다. 상대의 상처나 고통을 배려하지 않고 거침없이 말을 해서 이웃에게 상처를 준다. 인터넷상의 과한 막말과 악플이 주는 개인과 사회적 문제는 위험수위에 와 있다.

우리의 언어 문화는 남의 아킬레스를 꼭 꼬집어 말해야 만족하는 문화다. 어쩌면 매콤하고 짭짤한 것을 먹어야 기운이 나는 우리의 체질과 같다고나 할까. 밋밋하지만 씹을수록 고소한 것으로 대체하는 체질개선이 있어야겠다. 상대를 정죄하고 논쟁해야 속이 풀리는 우리의 정서는 다분히 개선되어야 할 문화다.

재치 있고 지혜로운 농담은 우리에게 유익을 준다. 문제는 불쾌감을 주는 부정적이고 삐뚤어진 농담이다. 무심코 던진 한마디의 '화끈한' 농담이 상대의 마음에 상처를 준다. 요즘 거의 모든 문화권에서 외모나 체중 등 남의 약점을 농담의 주제로 삼는 것은 금기다. 남의 사생활, 제삼자 흉, 남의 종교, 단체, 국가 등을 주제로 깎아내리는 농담은 우리의 민도를 나타내는 척도가 되어버린 것이 아닌지 걱정된다. 개인은 상처를 입고 관계가 단절되는 씁쓸한 결과를 가져오는 농담은 우리가 지향하는 농담이 아니다. 절대적으로 피해야 할 것이다.

15. 존칭에 의한 정체성, 학연, 학벌(점수) 위주 문화

존댓말과 존칭은 우리 대화문화의 독보적인 특징이다. 이러한 특징은 누구에게 언제, 어떻게 말하느냐가 혼란과 분란의 씨가 된다는 것을 부인하지 못한다. 서로를 부르는 호칭을 생각해 본다. 애들이 초등학교 시절, 학부형 사이에서 엄마인 나의 호칭은 '이봐'였다. 어디서도 엄마의 정식 이름을 들어 보지 못한 아이가 학부형에게 알려준 엄마의 이름이었다. 아빠가 엄마를 부르는 '이봐'가 내 이름이 된 것이다. 서구에서는 가능하면 친밀을 의미하는 이름(First Name)을 부른다. 우리는 이름대신 존칭과 호칭(Title)을 써야 존중받았고 체면이 선다고 생각한다. 우리 문화와 서방 문화의 큰 차이점이다. 이름 부르는 것이 편한 2세들과 존칭과 존대를 받아야 하는 갓 이민 온 '형' 사이의 갈등과 싸움이 그 좋은 예이다. 1세 부모와 2세 자녀의 '싸움'도 크게 다르지 않다.

나이와 서열은 물론 권력가나 재벌 등 가문, 직업에 따라 존칭과 호칭이 바뀐다. 우리문화는 인간의 가치와 정체성이 존칭과 타이틀에 있어 보일 정도다. 서로 대우한다고 치면 나무랄 이유가 없겠으나 결코 호칭이 사람을 대변할 수 없다. 이로 인한 혼란과 불화는 꼭 한번 생각해야 할 문제다. 존댓말은 존경을 표현하는 것이 사실이고 귀한 우리의 언어문화다. 진정으로 존중하는 말은 존댓말 안에 상대의 마음을 배려하고 공감하는 대화에 내재한다. 위계질서를 지키는 수직적인 대화문화가 상호 수평선 대화문화로 전환하는 것은 수월치 않다. 시간이 걸리더라도 아름다운 대화기술을 존댓말로 구사한다면 우리만의 귀한 대화문화가 될 것이다.

우리는 교육과 학벌을 인생행로에서 최우선의 척도로 꼽아 왔다. 그래서 많은 성과를 거두었으나 그에 따른 약점을 묵과할 수 없다. 뛰어난 성적, 천재적 두뇌, 명망 높은 학벌 등을 숭배하고, 이에 인간됨이 같이 포함된다고 생각한다. 인간의 자격과 점수를 인격과 같은 선상에 놓고 평가하는 문화가 우리문화다. 높은 학벌위주의 문화는 상하와 빈부의 문제를 더욱 심각하게 만들었다. 이런 가운데 상대적 빈곤은 자녀들을 궁지로 몰고 있다. 어려운 자녀와 이웃에게 진정으로 배려하는 사랑의 관계를 갖는 사회적 분위기가 용기와 자긍심을 갖게 한다. 사회 구성원과 지도자가 서로 존중하는 관계를 가진다면 가정과 사회는 화목과 행복을 누리리라 확신한다.

16. '미안해' 누구를 위한 말인가?

　대화기술을 배우면, 누구나 자신의 잘못을 깨닫고 후회하는 과정을 거친다. 문제는 같은 일(잘못)을 반복하며 '미안하다'를 연발하는 것이다. 효과가 떨어지고 더 이상 통하지 않는다.

　미안하다는 것은 자기가 상대에게 한 일들에 대해 후회하고 죄송해 하는 말인데, 진정일 때만 의미가 있다. 진정이란 상대의 불이익이나 고통을 알고 함께하는 마음이다. 이런 마음을 상대가 믿어야 말의 효과가 있다.

　우리는 미안하다는 한 마디로 자기의 잘못이 탕감 되리라 기대한다. 상대의 입장을 알아 주는 마음보다는 더 이상 말싸움이 싫어서 빨리 끝내거나 피하고 싶을 때 '미안해' 카드를 쓰기도 한다. 어떤 사람은 문제 해결이 됐다고 믿는다. 미안하다는 상대의 말에도 불구하고 문제가 풀리지 않는 다면, 불화는 지속되고 죄의식은 물론 양측이 다 무력해진다.

　진정성 없이 하는 '미안해'가 또 있다. 미안하거나 사과 할 마음도 없으나 형편상 할 수 없이 하는 경우다. 자기의 잘못을 받아들이고 고치려는 마음 없이 하는 립서비스다. 자신이 잘못한 행위 때문에 불편한 마음을 편하게 하려는 자기보호차원에서도 한다. 후회하는 마음으로 어렵게 '미안해'라고 했는데, 상대의 반응이 기대이하일 경우가 있다. 사과한 사람은 자기의 사과를 받아 주지 않는 상대를 비난하게 된다. 이런 사과는 결코 관계개선에 도움이 안된다.

　발을 밟은 사람이 '왜 발을 밟게 거기 있었냐, 어쨋던 미안하다'라고 하는 사람이 있다. 그러나 '비켜 갈 수 있는데 발을 밟아 아팠겠다, 앞으로는 조심할게, 미안하다'라고 하는 사람도 있다.

진정성이 있는 사과는 지금까지 한 일에 의해 상대가 받았을 고통을 알아주고, 공감하며 지금까지 한 미안하게 한 일을 하지 않겠다고 말하는 것이다. 공감과 미안함을 동시에 표현해야 더 이상 같은 일이 반복되지 않는다고 믿느느. 그래야 서로 풀고 건강한 관계를 유지할 수 있다.

여섯째 장

아름다운 대화로 새로운 대화문화를

여섯째 장
아름다운 대화로 새로운 대화문화를

지금까지 우리 대화문화의 장단점과 대화기술에 대해 생각해 보았다. 우리가 가야하는 방향은 각 개인, 사회 구성원과 나라들이 서로 존중하고, 존중받고, 상처 주지 않고 관계를 갖는 것이다. 사랑하는 세상을 만들 수 있는 관계형성이다. 또 이런 관계를 가능하게 하는 대화를 갈망하고 있다. 우리 모두가 배우기를 노력하면 이러한 목적은 머지않아 달성하리라 기대한다.

1. 늘그막에 배운 뜻밖의 지혜

내가 아름다운 대화기술에 발목이라도 담기 시작한 것은 10년이 채 넘지 않았다. 40년 가까이 정신과 의사로서 일선에서 많은 환자와 그 가족 보호자를 만나고 의사의 역할뿐 아니라 한 인간으로 이웃을 돕는다는 것이 얼마나 힘든 일이라는 것을 한참 알고 난 뒤였다. 처음에는 이 기술의 이론적 기초가 비교적 간단하고 직선적이라는 점에 끌렸다. 그러나 자신의 '전문적' 경험에

찌든 머리에는 이 '간단한 기초'가 쉽게 확신을 주지는 못했다. 그러나 아내의 어깨 너머에서 시작한 교육 모임이 이슬비에 삼베옷 젖듯이 그 메시지가 나를 확신자(True Believer)로 만들었다. 이 방법 혹은 기술이 옳은 것이고 자신을 비롯해 가족과 이웃을 도울 수 있고 일면에서는 다른 어떠한 방법보다도 유효하다는 말이다. 여기에 이르기까지 내가 느끼고 관찰한 몇 가지를 적어 보겠다.

먼저 나를 놀라게 한 것은 우리의 '교육' 모임에 참여한 분들의 이해 능력이다. 다른 배경에도 불구하고 처음부터 이 '간단한' 메시지에 대부분 거부 없이 동참했다는 것이다. 내용에 담긴 크리스천 신앙적 기초도 도움이 되어, 거의 모든 사람이 처음부터 끝까지 배웠다. 또 놀라운 것은, 이런 간단하나 유효한 메시지를 처음 만나고 배운다는 것이었다. 매스 미디어나 유튜브 등에서 대화기술에 대한 정보는 넘쳐나지만 배우는 것은 처음이고 다르다는 것이다. 날마다 보고 접하고 상대해온 이웃이 갑자기 새 사람으로 내 마음 속에 들어앉는 것처럼 생각이 바뀐다고 했다. 몇 십 년간 정신과 전문의로 살아 온 나에게도 그 경험은 같았다. 이런 '간단'하고 효과 만점인 것을 왜 진작 배우고 받아들이지 못했나를 생각하지 않을 수 없었다.

아내는 나보다 훨씬 더 오랫동안 여러 사람들과 이 기술을 같이 공부하고 또 가르치며 곁들여 상담도 했다. 대부분의 대면 상담은 한번에서 세 번까지 대화기술을 중심으로 했으며 의사이지만 전문 심리치료는 하지 않았다. 이와 같이 여러 가지 면에서 '비전문적' 상담이 많은 사람에게 놀랄 만한 효과를 가져왔다. 대화기술에 내재한 인간 존경, 능력 확인(Affirmation)과 경계 (Boundary)의 적절한 준수 그리고 격려가 그 빛을 발휘한 것이다. 인간을 통해 이런 메시지가 간결하나마 잘 전달되면 기적 같은 일이 일어 날 수 있다는 것이다. 여기서 옥캄의 면도날(Ockham's razor)이라는 개념, 즉 가장 간단한 설명이 가장 옳은 것이라는 원칙이 적용된다고 생각한다. 대화기술의 간단성이 그 큰 힘이 되어 인간을 돕는 것이다.

아름다운 대화기술의 저 밑에는 그 필수 불가결한 조건으로 인간에 대한 끝없는 사랑이 있다. 우리 모두가 사랑이 무엇인지 알고 있다고 생각하지만 그것에 대해 자주 생각하는 사람은 많지 않다. 이 대화기술은 사랑이 무엇인지를 생각하게 한다. 여기에 사랑은 인내(Patience), 용기(Courage), 겸손(Humility), 인용(Acceptance), 감사(Gratitude), 관용(Tolerance), 용서(Forgiveness), 자비(Mercy) 등을 모두 포함하며 대화기술을 잘 배우고 쓰면 위에 말한 모든 것이 몸과 마음에 배이게 된다고 믿는다. 즉 대화기술은 참 사랑을 가르친다는 말이다.

이렇게 쓰고 나니 이 기술이 나의 발목에서 가슴까지 차 올라온 기분이다. 정말 늘그막에 배운 뜻밖이지만 귀중한 지혜이다.

2. 배움이 살길이다

오바마 미국 대통령이 거의 단골로 말하는 토픽이 한국교육에 대한 칭찬이었다. 잊어버릴 만하면 꼭 얘기했다. 미국대통령까지 찬탄해 마지않는 그 교육에 상당한 음지가 있는 것을 모르지 않는 우리들도 어깨가 으쓱해지는 것은 사실이다. 우리는 배움이 살길이라고 믿었고, 그것이 지상의 사명이었고, 지금도 그렇게 믿는다. 그러나 이와 같은 교육열이 학생에게만 집중되어 있는 것 같다. 생각해 보면 배움은 학생시기의 전용이 아니다. 그러나 우리는 학생이 아닌 성인에게도 배움이 얼마나 중요한가를 잊고 지내기 쉽다. 최종 학교를 졸업했다고, 나이가 들었다고 배움의 필요가 절대로 줄어들지 않는다. 배우는 것이 정지된 인간은 먹고 숨은 쉬지만 살았다고 할 수 없다.

인간은 학습(Learning)의 산물이고 결과다. 인간의 대뇌가 다른 동물이나 영장류(Primate)인 원숭이보다 훨씬 큰 이유는 인간은 배울 것이 그만큼 더 많고 기억할 것이 많아서다. 기억작용은 뇌의 변연계의 일부인 해마(Hippocampus)에서 이루어지며 그 저장처리는 대뇌 피질의 여러 부분에 있는 신경세포(Neuron) 사이의 연접부(Synapse)와 관련이 있다. 여기서 기억에 필요한 단백질(Protein)이 끊임없이 생성되고 그로 인해 새로운 연접(Synaptic Formation)이 계속해서 생긴다. 그 결과 기억된 것이 축적되고 정리되고 지식이 생기고 판단이 생기며 감정(Feeling, Emotion)도 풍부해진다. 또한 필요한 통제(Control)가 가능해지는 것이다. 이런 기억학습 작용을 통해 우리의 자아(Self)가 형성되고 우리가 누구라는 것, 누구가 되어야 한다는 자각이 생겨서 하나의 인간이 된다.

우리의 일상생활은 크고 작은 일(Task)과 도전(Challenge)의 연속이다. 가야 할 곳을 찾아 운전(Drive)하는 것도 학습이 필요하지만 아침에 일어나 자기를 가다듬는 것 등 일상적인 일은 비교적 쉬운 일이라 할 수 있다. 요리(Cooking)는 사람에 따라 쉽거나 힘이 든다. 그러나 아이를 키워 '사람'으로 만드는 것, 배우자와 맞추어 사는 것은 누구에게나 만만치 않은 과제(Task)다. 이런 과제에 대해 어려움을 겪는 것은 배우지 못한 것이 큰 이유다. 충분히 배우지 못하고 준비가 안된 상태에서 끊임없이 도전(Challenge)을 받으면 당황하고 감정적이 되고 도망쳐버리거나 공격적이 된다. 문제의 본질을 이해하고 대처하려면 그 문제에 대해 배워야 한다. 배워서 자신감이 생겨야 자신의 정체감과 가족이나 남의 정체에 대하여 충분한 이해를 키울 수 있다.

우리가 배워야 할 것이 여러 가지 있는데 그중에 중요한 것이 인간과 인간 사이의 대화다. 올바른 대화는 서로를 이해하고 존중하며 상호간의 접점, 공감을 극대화하고 오해, 불신, 의심을 풀거나 피하고 불필요한 알력과 경쟁을 최소화하는 것은 잘 알려진 사실이다. 올바른 대화법을 배우고 구사하면, 부모자식 사이는 물론 사회생활에 서로의 능력을 충분히 발휘하고 사랑 안에서 살 수 있다. 자신이 먼저 이웃과 자양분 있는 대화하는 방법을 배워 자녀와 주위에 전달해서, 그들로 하여금 자신(Self)을 바르게 정립하고 이웃과 공감할 수 있는 사람이 되게 돕는 것이 배움의 살 길이 아닐까? 오바마 대통령의 말처럼 배워서 사는 것이 진정한 삶이라는 것은 정말 시대에 어울리는 말이다.

3. 의료인과 대화기술

의사가 의료행위를 할 때 환자와 소통을 위하여 대화기술이 필요한가?

요즘 TV에서 명의 허준에 대한 이야기를 보았다. 그를 돋보이게 하는 것 중의 하나는, 환자가 의사 허준에 대한 무한한 신뢰였다. 환자의 말을 경청하는 그는 환자를 인간 대접하고 존중하며 진료를 했다. 옛날 시대에 그는 환자에 대한 관심과 환자의 병에 대한 관심을 일치하여 진료하였다. 지금도 대부분의 의사는 힘든 질병으로 고생하는 사람을 도우기 위해 열심히 지식을 쌓으며 노력한다. 환자는 믿고 자기를 맡길 수 있는 실력 있는 의사를 찾는다. 치료자가 환자인 자신을 인간대접해 주기 바라는 의사라는 뜻이 함유되어 있다. 이것은 당연한 일이다. 의사는 최선을 했는데 환자는 존중받지 못했다는 불만이 있을 수 있다. 왜 그럴까?

환자를 존중하는 의사는 환자가 신뢰하는 의료인이다. 허준과 비슷한 명의에 가까이 간다. 존중과 신뢰는 그 본바탕이 사랑이다. 명의는 사랑을 실천하는 인품을 지니고 있는 의사이고 환자가 의지하고 믿고 따르는 것이 의사의 첫 걸음이다. 의사와 환자 간의 의사소통이 바르게 될 때, 그런 인품이 빛을 발한다. 사실

환자와의 바람직한 대화, 의사소통은 의료행위의 기본이다.

　의학 연구와 발전이 눈부실수록 적절한 의사소통이 그 만큼 중요하다. 더구나 COVID19 사태로 인해 영상진료가 대폭 늘었다. 점차 의료인의 의사소통 기술이 더욱 필요한 요소가 되는 시기다.

　의료계에서 적절하고 충분한 의사소통 대화가 어떻게 도움이 되는지 다시 살펴보기로 한다. 우선 의료행위는 상대가 있고 그 상대가 다른 인간이다. 의사와 환자는 마틴 부버가 말한 것처럼 인간과 인간으로 만난다. 부부, 형제, 부모자식, 친구 사이의 관계와 같으나 한 가지 다른 특수성이 있다. 정확하게 표현해서 상당히 특별한 도움 즉 고통으로부터의 해방이 필요한 사람과 도움을 줄 사람과의 만남이다. 이때 환자는 자기의 필요를 채워줄 것을 절실히 기대하고 의사를 찾는다. 의사가 이런 절실한 마음을 이해한다는 것을 처음 만날 때 환자에게 전달할 필요가 있다. 환자가 전달받았다는 것을 확인해야 첫 관계가 성립된다. 다른 인간관계의 경우보다 더 잘 상대(환자)의 말을 듣고 그의 아픔에 공감해야 하기 때문에, 의사가 효과적인 의사소통을 하는 것이 당연하다. 이런 이유로 환자를 처음 만나는 순간부터, 의사의 태도는 환자의 신뢰를 얻고 안심시키는 일에 신경을 쓴다. 환자의 입을 열어 말을 하게 하는 것은 먼저 경청의 태도에서 시작한다. 어떻게 하면 환자의 입을 열게 하는가? 의사로서 환자가 속마음을 터놓고 꺼내게 하는 기술이 무엇일까? 가능하면 짧은 시간에 환자가 의사를 믿게 하는 기술이 대화기술이다. 이런 의사소통은 오진의 기회를 줄이고 이로 인한 의료분쟁을 극소화 한다.

위의 명의 허준을 다시 생각한다. 허준은 쉬운 예단을 피하고 환자의 말을 경청하고 깊이 생각하고 아픔에 동참하며 치료하는 과정을 선택했다. 환자를 위해 끝없이 새로운 지식을 탐구했던 그의 태도는 겸손했고 참으로 배울 점이 많은 지혜로운 의원이었다. 이런 진실을 진작 알았더라면 좀 더 환자들을 이해하고 치료하는 허준 같은 의료인이 되지 않았을까! 생각할수록 죄송하고 부끄럽고 감사하다.

4. 나와 다른데 어떻게 인정하나요? 어떻게 존중할 수 있나요?

고 존 멕케인 상원의원과 오바마 전 대통령은 여러 면에서 달라도 너무 다르다. 백인과 흑인이라는 것 이외에도 멕케인은 공화당원이고 오바마는 민주당원이다. 그들의 가정환경과 사회적 위치도 금수저와 흑수저라 할만하다. 그들의 정치적 성향이나 의견 또한 흑과 백처럼 달랐다. 선거 토론장에서 둘은 주위 사람이 당황할 만큼 얼굴을 붉히고 열을 올리며 자기주장을 했다.

멕케인 상원의원이 그가 생을 마감하기 전 경쟁자였던 오바마 전 대통령에게 직접 자기 장례식 조사를 부탁한 것을 알았을 때 많은 사람들은 놀랐다. 조사에서 오바마 대통령은 "우린 많은 점이 달랐다. 그러나 그와 나는 다른 의견을 가지고도 각각의 방법으로 국가와 국민을 위해 열심히 일했다. 나는 나와 다른 존의 애국심을 존중하고 조금도 의심치 않았다. 더욱이 우린 다르기 때문에 서로 더 많은 것을 배울 수 있었다."고 했다.

 선거철이 닦아온다. 가족 사이나 친구모임 등에서 이념이나 정당은 뜨거운 주제다. 그런 만큼 많은 사람들이 대화하며 열렬하게 자기주장을 편다.

 30대 K가 열을 올렸다. 자기 아버지는 고집불통이고 자신의 생각이 천하의 생각이라는 것이다. 민주당과 공화당 이야기를 하다가 마침내 아버지가 아들에게 화를 냈다.

 "그걸 말이라고 하냐? 뇌가 있으면 생각이란 걸 해봐."

 "깊이 생각한 내 뇌가 그러네요."

 둘은 어머니의 끈질긴 만류로 가까스로 말다툼을 끝냈지만, 선거 후에도 아들과 아버지는 상당히 불편한 사이가 됐다. 대화는 더욱 힘들었다. 그는 명절 때나 집안 대사 때, 아버지와 마주하고 싶지 않아 아예 회사의 출장을 자원하기도 했다. 연로한 아버지는 사과는 커녕 따뜻한 말 한마디 없는 아들이 괘씸했다.

 둘 사이에서 괴로워하던 어머니가 우연히 동창회에서 마련한 대화세미나에 참석했다. "이런 부자 사이에도 대화교육이 효과가 있을까요?" 어머니는 몇 달 후에 아들이 결혼을 하는데 부자 사이가 틀어져서 어찌해야 할 바를 몰랐다. 아버지에게 조심스럽게 교육이야기를 꺼냈지만 그는 아예 말도 꺼내지 못하게 했다. 잘못은 아들이니 당연히 아들이 무례한 행동에 대해 빌어야 한다는 것이었다. 아들도 만만치 않아서 전화도 받지 않았다. 나는 두 사람 중에 한 사람이라도 대화기술을 배우게 하는 것이 어머니의 일이라고 당부했다. 어머니 등살에 못 이긴 아들이 나를 찾았다. 그는 영어권이라도 한국말을 조금 할 수 있다며 차분하게 자기의 입장을 이야기했다.

"부모와 자녀세대가 다르고, 친구간에도 이념이 달라요. 저희 교회 교인들 사이에 비슷한 문제로 열띤 토론을 하다가 아수라장으로 끝나는 경우가 몇 번 있었어요. 그리고 다시 안 볼 듯이 돌아서서 적이 되어서 말을 안 해요. 저희는 이것이 한국문화라고 생각해요. 그래서 집에서 아버지의 독선을 볼 때 나름대로 이해하려고 노력해요. 하지만 남의 말에 귀를 막고 자기의 생각이 다 옳은 듯이 강요하는 것은 공정하지 않아요. 그리고 가족이 상처를 받아요. 물론 빌라면 겉으로 빌 수도 있지만, 진짜 해결책은 아니라고 생각해요."

우리는 두 독립한 인격체가 얼마나 다를 수밖에 없는가, 성장배경에 대해서 토론했다. 그는 자신과 다른 생각을 가지고 각자의 방법으로 살 수밖에 없는 가족과 또 이웃과 더불어 좋은 관계를 가져야 한다는 것을 인정했다. 그리고 쉽지는 않지만 아버지가 어떤 말을 해도 잘 듣고, 들었다는 것을 공감으로 표현하기로 했다. 그러나 자신의 노력과 효과에 대해서는 그는 고개를 갸우뚱 했다.

"아버지가 말씀하실 때 고개를 들고 바라보며 고개를 끄덕였어요. 그리고 아버지가 섭섭하다고 하실 때는 전적으로 그것에 공감했어요. 그 상황에 대해 변명하고 싶은 것을 혀를 깨물고 참았어요. 네 생각은 어떠냐고 하실 때, 실수 할 뻔했지만 숨을 고르고 배운 대로 대답했어요. 먼저 공감을 해 드렸지요. 쉽지 않았어요. 아버지의 의견을 그러실 수 있겠다고 충분히 인정하고 나서 제 말은 분명하지만 간단하게 했어요. 전에는 상대의 의견을 묻기 전에 내 얘기에 열을 올렸거든요. 아버지가 어떤 이슈를 꺼내고 열을 올려도 저는 비슷하게 말을 이어 갔어요. 가능하면 공감을 하려 했고 나의 생각이 바로 통하지 않는 것에 너무 마음 상하지 않도록 노력했어요."

아버지는 자기가 너무 역정을 내서 미안하다고 했고 아들은 그런 아버지를 향해 양 팔을 벌렸다.

위의 두 정치인이 보여준 것은 바람직한 인간의 배려, 절제와 성숙, 즉 지혜라 생각한다. 성숙한 사람들은 서로 다르다는 것을 인정하고 존중한다. 남을 존중할 줄 아는 지도자는 경쟁자가 절친한 친구가 되는 성숙한 국민문화를 형성하는데 기여한다. 마찬 가지로 K씨 부자는 상대를 인정하는 정말 조그만 행동으로 시작하여 전에 없던 화목한 관계를 가질 수 있었다.

5. 실패가 기회다

김 박사 부부는 며칠 동안 주저하는 것을 반복한 끝에 두 사춘기 15세, 17세 자녀와 마주 앉았다. 그전처럼 같은 실패를 되풀이하지 말자고 마음속으로 다짐하고 아내와 마주 앉아 연습까지 했다. 사실은 지난 6주간 대화교실에 가서 열심히 듣고 적고 복습까지 하고 난 뒤였다. 부부는 학창시절에 공부를 잘 했다. 이

번 클래스에도 모범생으로 목적 달성에 상당한 자신감이 있었다. 드디어 기다리던 시간이 왔다. 부부는 저쪽의 눈치를 살폈다. 분위기도 생각하고 자신들의 표정까지 가꾸며 긴장을 늦추지 않으려 노력했다. 그러나 아빠의 목소리가 올라가고 엄마의 당황한 몸놀림이 시작하기까지는 긴 시간이 걸리지 않았다. 옛날의 노여움이 말과 몸짓으로 정제되지 않은 채 나왔다. 낯익은 무력한 절망감이 다시 자신을 짓눌렀다. 아이들의 이야기는 더 이상 들리지 않았다.

이들 부부는 유명대학에서 박사 학위를 마친 지성인이다. 교회에서 중요한 직분을 맡아 열심히 신앙생활을 해 왔다. 직장과 봉사를 통해 지역사회에서도 상당한 명망을 얻고 있었다. 인생에 지향하는 목표나 인생관이 나무랄 데가 없는 사람들이다. 문제는 아이들이 커가며 생겼다. 그들의 행동은 아빠의 마음에 어긋났고 기대는 무너져 가고 있었다. 걱정과 실망이 쌓여갔다. 아빠가 아이들에게 해 줄 수 있는 것은 훈계였다. 머리에 쏙 박히게 최대로 강하게 야단쳐야 한다며, 큰 소리가 끊이지 않았다. 성경 말씀에 비추어 정당한 훈계라고 믿었다. 엄마의 생각이나 판단은 아빠와 많이 달랐으나 그의 방법을 대치할 수단을 찾으려 고심하는 사이에 쌓이는 스트레스가 삐걱거리는 관계를 위기로 몰아갔다. 그대로 둘 수 없는 급박한 상황을 감지한 엄마가 먼저 대화 클래스를 찾았다. 그런 곳에 가서 배울 것이 없다고 몹시 주저하고 회의하던 남편이 아내의 변한 모습에 자신도 관심을 가지기 시작했다. 클래스를 통해 이론과 실제 적용을 여러 주에 걸쳐 배운 이들은 대화의 효과와 필요성에 대해 확신이 섰다. 어떻게 하면 된다는 확신이 어느 정도 생긴 무렵에 위에 일이 벌어졌다. 이 두 사람은 자녀와의 대화 미팅이 실패로 돌아갔지만 실망하지 않았다. 부부의 그때까지 성취한 이해와 통찰 덕분에 자신들이 무엇을 잘못 했는지 대략 깨우칠 수 있었기 때문이다.

위에 말한 '실패'는 배운 대화기술을 배우고 실행하려는 이들에게서 흔하게 보았다. 자기도 모르는 사이에 옛날의 기분, 여러 가지 고정관념과 습관이 자신을 점령해버린다. 이때 일견 쉽게 보이고 들리는 메시지를 반복해서 공부하고 연습함으로써 다시 구렁텅이에 빠지지 않는 자신이 되는 것이다. 실패가 성공의 어머니가 되는 것이다.

아름다운 대화기술에 대한 나의 지식은 내 자신의 경험에서 나왔다. 나 자신과 남들의 실패를 많이 본 반면에 숫자는 적지만 너무 귀중한 성공을 목도한 경험이 나를 믿는 자로 만들었다. 내가 김 박사이고 저의 클래스를 거쳐 간 모든 분들이 나라는 생각이다. 많은 분들이 같은 문제들을 가지고, 같은 실수들을 연발한다. 내가 그 중 가장 많은 실수를 했고 또한 죄인 중의 죄인이고 괴수라고 생각한다. 이런 마음이 드는 것이 축복이란 것을 알리고자 이 글을 쓴다. 우리는 실패를 통해, 너그럽게 감싸 주시고 수없이 많은 기회를 주시는 하나님을 만나게 될 것이다.

6. Beautiful Communication SKILL 대화기술 연습

No	대화 예문	배우기 전 반응 (Ordinary Response)	배운 후 반응 (Empathic Response)
예문	오늘 반 애들이 놀리고 같이 놀지 않았어요.	누가 널 놀렸어? 넌 가만히 있었어? 선생님은 뭐라구 하셨니?	오늘 반 애들이 놀려서 속상하구나. 어떻게 된 건지 좀 더 자세히 얘기해 줄래?
1	오늘은 닭발튀김이 먹고 싶어요.		
2	난 개나리꽃을 보면 가슴이 설레더라!		
3	난 구름이 낀 날씨가 좋아.		
4	난 길이라는 영화가 가슴에 찡하게 와 닿았어.		
5	숙제가 많아서 주말에도 못나가고, Stress 뿐이야.		
6	동생 때문에 아무것도 못하겠어요. 어지러 놓고 망가트리고.		
7	우리 반 애들이 나만 보면 피하고 비웃어요.		
8	엄마! 어저께 왔던 검은 옷 입은 사람이 오늘도 밖에서 나를 기다려요! (몇 번을 확인)		
9	누가 내 지갑을 훔쳐갔어요. 일하는 사람 짓이 분명해요.		
10	어제 밤에 잠을 못잤어요. 천장에서 달닥거리는 소리가 들려요. 지금도 들려요.		

7. 대화 스타일을 점검하기, 당신은 어떻게 대화하고 있습니까?

a. 가족간의 관계에서 대화
   * 상대가 편안하게 당신의 말을 잘 듣습니까?
   * 상대가 당신에게 말을 시작하면 얼굴을 마주보며 귀를 기울이십니까?
   * 상대가 하고자 하는 말을 편안하게 합니까?

b. 고민이나 과오가 있을 때
   * 서로 다른 의견을 평화롭게 대화를 지속할 수 있습니까?
   * 불편한 속마음을 나누고자 합니까?
   * 당신이나 상대의 불만 때문에 대화가 끊어집니까?
   * 그 때에 상대가 화를 냅니까? 당신도 화를 냅니까?
   * 당신은 최선으로 잘해주려 하는데 상대가 거절하거나 피합니까? 대듭니까?
   * 의견이 다를 때 우선 당신의 의견, 입장을 잘 설명해서 설득하려 합니까?
   * 상대의 잘못된 언행, 사고 등이 대체로 잘 보이십니까?
   * 그리고 분석. 비판을 예리하게 하십니까?
   * 잘못을 고쳐 주려고(선의에서) 지적해서 충고나 좋은 말로 인도 하십니까?

c. 상대가 당신의 단점을 꼬집을 때, 부정적 비판이나 불평을 할 때
   * 잘 소화하십니까? 마음이 불편하십니까?
   * 화가 나십니까?

* 이해시키려 변명하십니까?
* 그럴 수 있다고 받아주십니까?

d. 의견 충돌 시
* 목소리를 높여 언쟁을 하십니까?
* 싸움으로 이어지는 경우가 있습니까?
* 상대의 의견을 이유여하 막론하고 존중하십니까?
* 상대를 존중하는 대화를 하십니까?
* 상대의 관점에서 세상을 보십니까? 그리고 말로 표현해서 대화하십니까?
* 상대의 고통이나 불평을 끝까지 듣습니까?
* 당신의 관점과 다른 것을 그럴 수 있다고 인정하십니까?
* 감정을 말로 표현하십니까?
* 문제가 발생하면 바로 당신의 잘못을 인식하고 말하실 수 있습니까?
* 가족, 직장, 단체 등에서 사람들이 당신에게 호감을 갖고 있다고 생각하십니까?
* 이유는?

8. 격려 대화기술의 훈련

학교에서 회장에 출마했다가 낙선된 자녀가 실망할 때
* 회장에 당선이 안 돼서 실망했구나, 아빠(엄마)는 네가 깨끗한 방법으로 최선을 다한 것이 자랑스러웠어.

경제가 어려워져 집을 옮겨야 하는 처지의 부부간의 대화

남편 : "여보, 당신 마음이 안 좋지? 내가 무리를 했었어. 내 잘못이야."

부인 : "오히려 당신 마음이 불편하시지요. 우린 해낼 수 있다고 믿어요. 우리 모두 당신 사랑하는 거 아시죠?"

남편 : "어떻게 하는 것이 옳은 것인지 감이 안 잡힐 정도야!"

부인 : "어떻게 처리하셨어요? 어머! 그렇게 처리하셨으니 역시 당신이야! 여보, 당신이 지혜롭게 열심히 하시니 우린 해낼 수 있다고 믿어요. 하나님이 함께 하시니까요."

대학 입시에 실패하여 낙심하는 자녀에게 격려는

* 네가 원하는 대로 되지 않아서 실망 하겠구나.
* 다음에는 네가 원하는 학교에 들어갈 가능성이 있다고 믿어. 난 네가 해낼 수 있다고 믿는다.

고부간의 문제, 아내는 위로받고 더 잘 하려는 마음이 생기는 격려 대화

* 여보, 난 너무 억울해요. 어쩜 그럴 수가 있어요?
* 듣고 보니, 당신 기분 많이 나빴겠네, 당신이니까 그만큼 참고 해 낼 수 있다고 생각해. 시집 와서 당신만큼 힘들게 산 사람이 있을까! 세월이 갈수록 고마운 것을 알겠어. 당신이 아니었다면 도저히 해낼 수 없었을 거야.

학생회 발표 때 실수한 자녀에게

* 오늘 실수해서 실망했구나. 오늘 스토리를 잊었을 때, 선생님께 다시 하겠다고 말한 너의 용기가 참 자랑스러웠어. 어려운 부탁이었는데, 네가 해냈어! 난 너의 목소리와 태도가 당당하다고 보았어.

귀한 접시를 깬 자녀의 실수에 대해 화내거나 추궁하지 말고 조용하게 대화하여

상대가 솔직하게 말하게 용기를 주는 것이 격려다.

* 그릇을 깨뜨려서 걱정했구나, 솔직하게 말해줘서 고맙다. 조심하자.
* 혼자 속상해 했구나, 얼마나 불안했을까?
* 얼마나 고민했으면 잠을 다 못 잤니? 네 고민을 얘기해 주니 고마워.

가정에 속해 있는 가족의 일원이고 부모에게 필요한 존재임을 알린다

집안에 가구 구입이나 일이 있을 때 부탁하고 의논하여 자신이 쓸모 있는 가족의 일원이고 필요하다는 것을 믿게 하는 대화다.

* 네가 컴퓨터로 알아본 덕분에 멋진 T.V를 싸게 잘 샀어. 네가 옆에 있어 든든해.
* 이 전등을 여기 달면 어떻겠니? 너의 생각은?

가정이 힘들 때, 가족 일을 알리고 결정에 동참시키는 방법

* 지금은 우리의 경제 사정이 힘들지만 다들 협조해 주니까

이 고비만 지나면 괜찮을 거라 확신해.
* 우리가 이사를 갈까 생각하고 있어. 어디가 적절할지 의논해보자.
* 어렵긴 하지만 엄마 아빠가 방학 때 3일간 쉬기로 했어. 너희들이 어디가 좋은지 결정해서 휴가 가자.

자신이 선택한 일을 존중하는 격려
* 그렇게 하기로 결정했구나, 너의 선택에 대한 결과도 너의 몫이라고 생각해.
* 나는 너의 친구에 대해 아는 것이 별로 없어, 단지 네가 선택한 친구니까. 난 너의 선택을 존중한다.

직장을 구하는 친구에게 공감, 창의적 질문, 긍정적 격려로 돕는다
* 직장에서 연락이 없어서 실망하고 있구나, 연락했는지 안 했는지 알아보면 확실할 텐데. 차선의 방법이 있다면 어떤 것이 있을까?

우리는 불완전한 인간이고 넘어지기 쉬운 존재다. 하나님께서는 우리에게 제2의 기회를 주시며 실망 뒤에는 희망이 있음을 알린다. 격려를 아끼지 않는 사람은 에너지와 사랑을 가족과 이웃을 일으켜 세우는 사람이다. 격려는 대화기술을 긍정적이고 합리적으로 사용하여 사람을 세우는 기술이다.

9. 감정표(hand out) 참조

감정 표시에 강도가 있어 하는 말에 따라서 감정의 기폭이 다르다. 다음의 감정표시는 대학 신입생 환영 미팅에서 취득한 것인데 영어로 된 것을 한국어로 번역하였다. 긍정적인 감정과 부정적인 감정을 4단계로 나누어 표현하였다. 긍정적인 표현은 어느 강도로 해도 적절하게 사용하면 도움이 된다.

― 가장 강하게 표현하는 긍정적인 느낌을 자주 쓰자

Intense 가장 강한표현

Adored 숭배, 경모하는
Alive 살아있는 생기있는
Courageous 용감무쌍
Elation 의기양양
Empathy 공감 심정동감
Encouraged 격려받은
Enthusiastic 열광적
Idolized 우상화하는, 숭배받는
Loved 사랑받는
Loving 사랑하는
Pity 불쌍히 여기는
Respected 존경하는

Supported 지원받는
Wanted 원하는
Worthy 가치있는
Zealous 열광적인, 열심인

Strong 강한표현

Accomplished 완료된, 성취, 완성된
Admired 존경하는
Appreciated 감사, 진가 인정
Awesome 경외심, 대단한, 아주 인상적
Brave 용감한
Brilliant 빛나는 찬란한
Capable 유능한, 능력있는
Concerned 관심있는
Consoled 위로받는
Courage 용기, 담대한
Delighted 매우 즐거운
Eager 열심히, 심한
Gratified 고마움, 채움
Great 위대, 좋음, 큰
Happy 행복한
Helpful 도움이 되는
Important 중요한

Independent 독립적
Joyful 기쁨
Optimistic 긍정적
Passionate 열정적
Pleasant 기쁨
Proud 자랑스러운
Safe 안전한
Soothed 달래서 진정, 위로
Sympathetic 동정심
Tender 부드러운
Vibrant 빛나는, 찬란한
Worthy 가치있는

Moderate 보통 강하게

Affectionate 사랑스러운
Amused 즐기는 즐거워하는
Anticipating 예기하는, 예상함, 예견,
Appealing 마음을 끄는 매력적인
Cared for 대하여 걱정
Cool 시원한, 이지적 감흥 주는, 멋짐
Determined 결단내린
Esteemed 존경받는
Excited 기분 상승된, 흥분

Fearless 겁없는
Glad 좋은
Good 좋다, 즐겁다
Inspired 감명받은
Intelligent 유식한
Interested 관심있는
Jolly 기쁨
Liked 좋아하는
Patient 인내심
Peaceful 평화스러운
Pleased 기쁜
Popular 유명한
Relieved 안심
Secure 안전한
Strong 강한, 굳센
Trustful 믿음성스럼, 신뢰하는

Mild 일반 긍정적 느낌

Alert 경보, 경계, 방심 않는
Amazed 깜작 놀란
Amused 즐기는, 명랑한
Approved 입증된, 공인된
At ease 편하게

Attractive 매력적

Benevolent 박애, 자애, 유순 호의적

Calm 조용한

Comfortable 편안한

Content 만족한

Daring 대담한

Friendly 친절한

Graceful 은혜스런

Regarded 주시, 잘 관찰

Relaxed 편한, 느긋한

Sensitive 예민한

Smart 재빠른, 약삭빠름, 교활, 맵시

Stimulated 자극적인

Sure 확신

Untroubled 문제없는

Warm 따듯한

Wide-awake 확 깨어있는

― 부정적인 감정표현

Mild

Annoyed 괴로운, 성가신

Blue 기분저하된

Chaotic 혼란한

Concerned 걱정 근심 관심

Dependent 의지하는

Dingy 거무죽죽한, 평판이 나쁜

Discontented 불만스런, 불만족

Dismal 음침한, 음울한

Down 가라앉는

Edgy 불안 아슬아슬

Gloomy 우울한, 암울한

Gray 회색, 음침한, 늙은

Impatient 조급한

Indifferent 무관심

Lethargic 기운 없는, 축 늘어진

Listless 무관심, 노곤한, 열의없는

Mixed up 뒤죽박죽, 혼란

Moody 기분적

Provoked 자극해서 성나게하는

Puzzled 혼동

Regretful 후회하는

Reluctant 망설임, 기분 안내키는

Timid 자신 없는

Tired 피곤한, 지친

Unimportant 중요치 않은

Unpopular 관심 없는, 인기 없는

Unsure 확실치 않는
Upset 기분상함, 속상함
Worn out 낡은, 지쳐버린
Vengeful 앙심품은, 복수심
Weak 약한, 약점있는

Moderate

Alarmed 겁먹은, 불안해하는, 깜짝 놀람
Apathetic 냉담한, 무관심한, 무감각
Bad 나쁨, 좋지 않음
Baffled 황당, 당황
Bored 지루한, 관심 없는
Confused 혼동된
Cross 경계를 넘어선 도가 지나친
Dejected 기분 가라앉음
Disappointed 실망스러운
Disable 무능한, 불구가 된
Enmity 증오심
Envious 부러운
Forlorn 고독한, 버림받음, 방관된
Frightening 놀라움, 무서움, 겁나는
Helpless 어찌할 수 없는, 속수무책, 무력한
Inadequate 부족, 부적당

Indignant 분개한, 성난, 분노
Ineffectual 효과 없는, 쓸데없는, 무력
Intimidated 수치스런, 모욕적인
Irritable 과민한, 자극적
Nervous 신경이 약한, 겁쟁이
Offended 감정상함, 위반함, 위배된
Resigned 단념하여, 하는 수 없이
Shamed 수치스런, 부끄러운
Suspicious 의심스러운, 믿지 못하는
Troubled 문제되는
Tempted 유혹, 마음이 땡기는
Tense 긴장
Terrifying 아주 겁나게하는
Unhappy 불행한, worried, weqry

Strong

Alarming 교란시키는, 경고하는
Antagonistic 적대감
Anxious 불안한, 근심초조
Apprehensive 우려하는, 두려워하는
Bewildered 당황스러움, 혼란스러운
Bitter 쓰디쓴, 맘이 상한
Boiling 끓어오르는, 사나운

Cheated 속이는
Depressed 우울한
Detested 혐오하는
Disconsolate 우울한, 슬픈
Disgusted 아주 역겹게 싫은
Dismayed 실망, 공포, 걱정
Dissatisfied 불만족한
Disturbed 방해받는, 귀찮게
Dreadful 무서운, 두려운
Fatigued 피곤함, 기운빠짐
Fed up 속에 꽉찬 (부정적인 감정)
Forlorn 고독한, 버림받는, 비참한
Frightened 깜작놀란, 무섭게하는
Guilty 죄의식, 죄책감
Useless 쓸모없는, 가치없는
Hopeless 희망이 없는
Mad 강하게 화남
Rejected 거절당한, 거부
Resentful 미운
Sad 슬픔
Savage 야만적, 포악
Sick 병이난, 아주 싫음
Splenetic 짖궂은, 심술궂은, 우울한
Threatening 위협적인

Intense

Abandoned 버림, 무방지
Afraid 두려운
Angry 화난, 분노
Cynical 조소, 냉소적
Degraded 타락한, 퇴보한, 하락
Despised 경멸, 모멸, 혐오
Enraged 격분한, 심한 분노
Estrangement 관계소원, 멀리한, 이간불화
Exhausted 탈진
Furious 맹렬한, 무자비한, 광분, 격한 분노
Futile 쓸모없는 효과없는
Hate 미움, 증오, 아주 싫음
Heart-broken 가슴찢어지는, 상심한, 비탄에 잠긴
Horrified 충격으로 겁에 질린 공포
Hurt 상처, 아픔, 고통
Infuriated 격분, 광분, 격노
Lonely 고독, 외로움
Miserably 비참하게, 불쌍하게
Pain 고통스런
Panicky 겁에 질린, 공포스런, 전전긍긍
Scared 무서움
Shocked 대단한 충격적 쇼크 일으키는 어안이 벙벙

Terrified 매우 겁나는, 두려움, 겁에 질린
Trapped 갇힌듯
Unloved 사랑받지 못하는
Violent 공격적인
Worthless 가치없는
Wrathful 몹시 분노, 격노
Enraged, Mad, Exasperated, Furious
Angry, Wrathful

부정적인 느낌의 표현은 상대를 배려하여 조심스럽게 사용할 것을 권한다. 사용하는 단어에 따라 감정의 수위가 달라지기 때문이다. 부정적인 감정은 약하게 표현하는 것이 안전하다.

10. 인간관계 갈등 해소를 위한 대화법 가이드

1. 불편한 심기를 정중하나 단호하게 명확하게 상대에게 말한다.
2. 내 마음, 느낌을 말할 때 상대를 나무라거나 탓하거나 원망하지 말라.
3. 변명하거나 정당화하지 말라. 이해시키려 애쓰지도 말라.
4. 나와 다른 점, 다를 수 있다는 것을 인정하고
5. 다름은 틀리거나 잘못되거나 이상한 것이 아님을 인정하라.
6. 반대하거나 거절할 때 대화를 조심해서 내 맘 전달법을 사

용하라, 가능하면 상대의 장점을 보고 말하라.
7. 상대의 불평을 편안하게 받아들여라.
8. 필요하면 내가 하고 싶은 말을 지속해서 끌고 나가면서 대화하라.
9. 서로를 위해서 타협, 협상을 하여 다 유익하게 한다.
10. 자신감을 가지고 나와 상대를 존중한다.
11. 따지고 설득해서 이기려 하거나 충고하지 말라.
12. 무시하거나 욕을 하지 않는다.
13. 단번에 해결하려 정면 대결하지 말라.
14. 폭력, 폭언을 하지 않는다.
15. 격한 감정으로 공격적이거나 그 반대로 쩔쩔매며 복종하지 않는다.
16. 미안한 것, 고마운 것은 잊지 않고 얘기한다.
17. 나는 문제가 없고 저쪽이 문제인데 왜 내가 배우고 변해야 하나라는 고민을 한다. 그러나 나 자신의 변화에 우선을 두고 기도한다.
18. 서로에게 지금 상대에게 해 줄 수 있는 것이 무엇인지 질문을 한다.
19. 현재 자신이 할 수 있는 최선의 길이 무엇인지 생각하며 대화한다.
20. 효과적인 결과를 얻기 위해 아름다운 대화기술을 가능한 최대로 사용한다.

11. 부정적인 신념(마음)을 긍정적인 신념(마음)으로

　인간의 신념은 성장 시기에 보고 들은 삶의 체험에서 얻게 되는 결과물이다. 인간관계, 교육, 환경 등 자신이 어떻게 취급 받았나, 누구에게서 어떤 영향을 받았는가에 의해 형성된다. 학자들은 크게 긍정적 신념과 부정적 신념으로 분류한다. 두 신념에 의해 우리의 마음이 움직이고 말과 행동이 따르기 때문에 우리의 앞길에 큰 영향을 준다. 이 둘이 어떻게 우리의 삶을 다르게 하는지 살펴본다.

　부정적이고 불합리한 신념을 가진 사람은 그 인생이 고달프고 힘들다. 반면에 합리적이고 긍정적 신념의 소유자는 희망적이다. 사람은 자신의 신념들이 가치가 있고 중요하다고 믿는다. 그리고 그것이 부정적이든 긍정적이든 집착을 가진다. 어린 시절에 상처를 받고 성장한 사람은 그 상황을 연령에 맞게 (자신과 사람들, 인생에 대해) 해석해서 뇌에 입력한다. 이렇게 형성된 신념은 부적절하여 세상에 대해 다분히 부정적이고 비합리적이 될 수 있다. 아내는 반드시 남편 말에 순종해야 한다. 암탉이 울면 집안이 망한다는 신념은 우연히 생긴 것이 아니다. 자신의 의지와는 무관하게 부모의 삶을 보고 익히며 얻어진 것이다.

　나의 신념이 현실에 부합하지 않다는 것을 깨닫는 것이 인생문제를 해결하는 시작일 수 있다. 동시에 합리적인 신념으로 바꾸는 어려운 결단을 해야 한다. 사건이 일어났다 하더라도 억지로 참으려는 것이 아니라, 저절로 행동이나 생각이 긍정적으로 되게 배우고 훈련하자. 그래야 자녀의 신념이 긍정적으로 형성되어 바람직한 성격의 소유자로 성장할 수 있다. 자녀가 몹시 불량한 태도로 부모에게 대들 때, 부모의 신념에 따라 언행이 다르고 결과가 다르다. 부모자녀 관계에 관한 신념 또한 가정환경과 분위기에서 비롯되어진다.

* 부모의 불합리한 신념이 자녀에게 주는 영향

불합리한 신념은 어떻게 인간관계를 불화하게 하는가? 서로 괴로운 마음을 가지게 하는가? 관계까지 단절하게 하는가? 나의 신념은 어디에 있는가?

다음의 예를 미루어 보아 부모의 불합리성의 여부를 들여다보자.

- 내 자식은 나에게 절대로 대들면 안 된다.
- 자식은 부모의 말에 항상 복종해야 한다.
- 자식은 무조건 부모를 존경하고 따라야 한다.
- 부모에게 대들면 인간되기 틀린 자식이다.
- 부모에게 말대꾸하면 부모를 무시하는 것이다.
- 우리 가문에서는 절대로 있을 수 없다.
- 부모를 무시하는 자식은 자식으로 여길 수 없다.
- 따끔하게 혼을 내 줘야 정신을 차린다.
- 내 자식이니 내 맘대로 할 수 있다.
- 나만큼 너를 사랑하는 사람은 없다.

자녀가 부모의 말을 거부하고 대든다면 부모의 마음은 어떨까? 부모의 반응은 어때야 하나? 부모가 가지고 있는 신념 혹은 삶의 지침에 의해 부모의 마음과 언행이 다르다. 위와 같은 신념이 강하게 자리하고 있을 때, 부모는 자녀와 부딪힌다. 자녀는 절대적으로 부모 말에 복종해야 내 자녀답다. 그것이 어긋났을 때 어른은 자녀에게 화내고 때려도 괜찮다는 것이다. 부모에게 대든 자체 때문에 부모가 자녀에게 야단치고 혼을 냈나? 아니면 나름대로 지녀왔던 자신의 가치관이 공격당했다는 피해의식에서인가?

우리 유교문화의 유산으로 의식 속에 굳게 자리 잡고 있는 관념들이 있다. '남과 여' '어른과 아이' '상관과 부하' '양반·지식인·권력' '자식과 부모'에 대한 사고방정식이 그 좋은 예다. 여기에 부정적 신념은 문제를 야기시키는 주범이 될 수 있다. 현실에 적합하지 않은 사고와 논리를 신념으로 삼고 살아가는 사람들은 불만이 많고 재기하는 힘이 약하다. 사소한 문제나 중대한 사건에 대처하는 방식이 현실에 맞지 않아 엄청난 대가를 치르기도 한다. 찰나적으로 떠오르는 생각이나 느낌의 저변에 인생에 대한 사고와 논리가 깔려 있게 마련이다. 그것이 마치 삶의 방정식인 듯 굳게 믿으면서 그 신념의 지배를 받게 된다. 더 큰 문제는 이러한 삶의 신념은 다음세대에 대물림이 된다는 것이다.

* 합리적인 신념 갖기

합리적인 신념은 극단적이지 않고 그럴 수도 있다, 그랬으면 더 좋겠다 등으로 상대와 자신에 대해 관대하고 무난한 마음가짐이다.

- 살다보면 누구든지(자녀) 화낼 수 있고 나(부모)에게 대들 수도 있지.
- 부모에게 대든다고 다 나쁜 인간은 아니니까.
- 화를 내는 것을 보니 보통 인간이구나. 인간이면 화내는 것이 당연할 수 있는데 화를 표현하는 방법이 좋지 않구나.
- 뭔가 대단히 큰 문제가 아니면 저렇게 화내지 않을 꺼야.
- 내 자식이라고 복종만 하라는 법이 있나! 공손하면 더 좋을 텐데.
- 나한테 대든다고 나를 무시하거나 인신공격하는 것이 아니고 불편한 마음을 부모니까 털어놓은 것이야.
- 그래도 실망되고 기분은 안 좋아.
- 어떤 상황이든지 우리 사이는 절망이나 포기는 없다. 너는 나의 사랑과 격려가 필요해.
- 내 자식이지만 내 마음대로 할 수 있나.

아무리 어려운 상황일지라도 느긋한 마음과 긍정적 신념으로 물어본다.
- 이것 때문에 내 인생이 끝나는 것인가? 어떤 사건도 이 세상이 끝나는 것이 아니지 않는가?
- 세상 사람이 다 내 말대로 되란 법이 어디 있어?
- 이 사건이 꼭 펄펄 뛸 일인가? 죽고 사는 문제도 아닌데 왜 내가 난리를 치나?
- 이것 때문에 내가 까무러쳐야 할 필요가 있는가? 이 세상에 중요한 일들이 더 많지 않은가?

- 이 세상에 숨 쉬고 먹고 자고 사랑하는 것 외에 절대적으로 꼭 해야 되는 것이 얼마나 있는가? 이것이 지금 나에게 꼭 필요한가?
- 누가 누구를 정죄한단 말인가? 정죄할 사람도 없고 정죄당할 사람도 없다.
- 나의 인간으로서의 가치는 내가 결정하는 것인데 누가 감히 뭐라 하나?
- 너와 나는 다같이 소중하니 서로 존중해야겠다.
- 인간은 약한 면도 있으나 대체로 믿을 만하다.
- 세상이 험하고 악해도 살만한 가치가 있다.
- 어려운 상황이지만 건강하니 열심히 하면 희망이 있다.
- 두드리면 열린다고 했는데….
- 세상 사람이 다 내 말을 따르라는 법이 어디 있어? 나도 남의 말을 쉽게 듣지 않으면서….

불합리한 신념이 불화를 방조한다는 것을 인식하자. 그리고 즉시 합리적인 신념, 관념으로 돌려보자. 신념에 따라 화를 내거나 억지로 참아 속병이 되지 말자!

12. 사고(Thought) - 부정적 생각을 긍정적으로

빌4:8 "종말로 형제들아 무엇에든지 참되며(True), 무엇에든지 경건하며(Noble), 무엇에든지 옳으며(Right), 무엇에든지 정결하며(Pure), 무엇에든지 사랑할 만하며(Lovely), 무엇에든지 칭찬할 만하며(Admirable), 무슨 덕이 있든지(Excellent), 무슨 기림이 있든지(Praiseworthy) 이것들을 생각하라."

생각은 성격을 만들고 인생을 좌우한다. 사람은 마음먹기에 따라 삶의 행복과 불행이 결정된다고 한다. 평소에 무슨 생각을 하느냐는 문제에 부딪혔을 때 어떻게 생각하고 느끼고 믿고 행동하느냐를 결정한다. 연구가 들은, 우리의 사고를 부정적인 사고와 긍정적인 사고로 나눈다. 이에 의해 자신의 감정(심정)이 변화하고 언행이 따른다고 한다. 이러한 결정에 의해, 인생이 절망적일 수도 있고 희망적이 될 수도 있다는 것이다.

인간은 사건이나 상황에 부딪히면 자동적으로 그와 관련된 생각이 떠오른다. 이때 떠오르는 부정적인 생각을 'ANT, 자동적 부정적 사고(Automatic Negative Thought)'라 한다. ANT는 우리의 감정(심정)에 영향을 준다. 부정적 사고를 가지고 사는 부모의 삶을 보고 배운 자녀는 부정적 사고를 가진 자녀로 성장한다. 어떠한 상황에서든지 "안 된다."로 출발하는 특징이 있다. 이는 생각이 과거의 체험, 상처와 깊은 연관이 있어 현실에 부합하지 않는 생각을 하고 그것을 믿는다. 이러한 상태에서는 부정적인 감정과 행동이 쉽게 따른다.

과연 이런 생각이 이 상황에서 합리적인가? 취할 것인가? 버릴 것인가? 내 생각이지만 과연 믿을 만한가? 떠오른 생각을 재검토하여 긍정적인 생각을 하도록 공부한다.

* 부정적인 생각을 합리적, 긍정적인 생각으로 전환하자(ANT → Anti ANT).

  - 항상·늘·언제나 생각 → 가끔 그럴 수도 있고 안 그럴 수도 있다.

    (X) "난 항상 왜 이 모양인지!" "넌 언제나 늦게 일어나잖아." "난 잘하는 게 하나도 없어."

    (O) "오늘도 늦었구나, 그러나 언제나 늦게 일어나는 것은 아니야. 며칠 전에는 시간 맞춰 일어났어. 나도 맘만 먹으면 할 수 있어."

    (X) "넌 어떻게 늘 점수가 이러니?"

    (X) "넌 왜 항상 울상이니? 언제나 반찬투정이야!"

  - 흑백논리, 이쪽이 아니면 저쪽이라는 생각 → 다른 길, 절충선이 있다. 차선이 있다.

    (X) "수학이 C라니! A대학 가긴 글렀다. 난 형편없는 학생이야, 아무 것도 못해."

    (O) "수학이 C라니! A대학만 대학인가. B나 C대학가서 열심히 해야지."

    (X) "거짓말하는 애하고는 절대로 못 놀아 다시는 그 집에 못 간다."

    (X) "또 늦었어? 이제는 자동차 운전 안 돼! 못 나간다구!"

  - 부정적인 것에만 초점을 두고 생각 → 그렇다고 다 나쁜 것

은 아니고 긍정적인 면도 있다.

(X) "또 C받았으니 난 실패자야, 형편없이 못하네."

(O) "C받을 수도 있지 뭐, 그렇다고 실패자는 아니야. 전에 A 받은 적도 있었거든!"

(X) "엄마가 화가 난 걸 보니 난 나쁜 애야."

(O) "엄마가 화 날만 하셨지만 난 나쁜 애는 아니고 장난이 좀 심했어."

- 꼭 해야 해(절대 하면 안 돼) 하는 생각 → 하면 좋지만 못 할 수도 있다.(안 해야 하지만 할 수도 있다)

    (X) "부모 말은 꼭 들어야해, 부모 말 안 들으면 자식도 아니지."

    (O) "꼭 부모 하라는 대로 하면 좋겠지만 잘 안될 수도 있지."

    (X) "너는 꼭 그 대학에 들어가야 해. 엄마 아빠가 어떻게 널 뒷바라지 했는데."

    (X) "이번에는 꼭 일등이다. 알았지?"

- 결과가 나쁠 것이라는 생각 → 뚜껑은 열어 봐야 아는 것이다.

    (X) "기침이 계속되는데 X-ray 찍어야 하나? 암에 걸렸을지 몰라.""머리가 아프구나, 뇌염인가보다."

    (O) "기침의 원인은 아직 모르는 것이고 X-ray는 찍어봐야 알지."

- 지레짐작해서 넘겨짚는 생각 → 현재 사실에만 초점을 맞춘다. 남의 마음을 짐작해서 넘겨짚는 생각은 오해를 일으키고 작은 문제를 확대시키는 지름길이 된다.
  - (X) "네가 웃는 걸 보니 뭔가 숨기는 것이 있어." "저 표정은 남을 비웃을 때 하는 표정이 틀림없어."
  - (O) "저 표정이 재미있네, 처음 보는 표정이야."
  - (X) "늦는 걸 보니 나쁜 친구들하고 몰려다니며 마약하는 것일까?"
  - (O) "늦는다고 꼭 나쁜 애들과 어울리는 것은 아니야, 사정이 있을 거야."
  - (X) "여러 사람 앞에서 나한테 그러니 날 우습게 보는 거야."
  - (O) "여러 사람 앞에서 그래서 창피하고 서운했지만 나의 가치와는 별 문제야, 날 우습게 봐서 그랬다고는 할 수 없어."

- 부정적인 불행한 감정은 부정적 생각으로 → 누구에게나 긍정적인 면이 있다.
  - (X) "나는 성적도 나쁘고 매력도 없어, 누가 나와 date를 할까?"
  - (O) "성적과 인간 나와는 별개야, 나두 매력포인트가 있을 거야."
  - (X) "엄마가 날 사랑하지 않는구나, 난 못난이 아들이야."
  - (O) "엄마가 실망하셔서 그렇지, 날 사랑하는 것과는 무관

해."
　(X) "난 쓸모없구나, 정말 그래! 죽고 싶다."
　(O) "죽긴 왜 죽어, 나두 괜찮을 때가 있는데, 난 하나님의 걸작품인데!"

- 부정적인 꼬리표로 자기비하 생각 → 나는 나대로 가치 있고 할 일이 있다. 사람을 비하하는 별명으로 놀리면 자신이 가치 없고 쓸모없다고 생각한다.
　(X) "못난이 · 바보 · 짱구 · 뚱뚱이 · 넙죽이라니. 난 정말 인간 이하 인가봐."
　(O) "별명은 별명이고 지금의 나의 능력이나 가치와 상관이 없어, 그래도 별명은 부르지 말아줬으면 좋겠어."

- 너 때문에 생각 → 남을 탓하기 전에 나를 먼저 볼 줄 알아야 한다. 많은 일이 나의 선택에 달려 있다.
　(X) "네가 엄마 말을 안 들으니 엄마가 속상해서 죽겠다."
　(O) "내가 속상한 것은 나의 선택이다."
　(X) "엄마가 깨우지 않아서 학교에 늦었어요."
　(O) "학교에 늦어서 화가 나지만, 늦게 일어난 것은 내 책임이야."

- 친구를 좋아하는 고등학생 자녀에 대해
　(O) "우리 애가 공부에 더 적극적이였으면 좋을 텐데, 건강하고 친구관계가 좋은 걸 보니 성격이 원만하고 사

교적이야, 격려해서 공부에도 관심을 갖게 도와줘야지."

(X) "우리 애는 적어도 서울에 있는 대학은 가야 하는데…, 공부에는 관심이 없으니 대학 가긴 글렀어, 애가 누굴 닮아서 온통 노는데만 관심이 있는지, 무자식이 상팔자라더니 날 두고 하는 말이지."

 부모의 긍정적인 생각은 자녀의 성격형성에 긍정적인 영향을 준다. 부정적인 생각은 비합리적이고 꼬인 성격이 되게 하여 인생을 고달프고 괴롭게 살아갈 수 있다. 자녀는 부모의 생각을 거르지 않고 자기 것으로 받아들여, 부모와 비슷한 생각을 가지고 부모와 비슷한 삶을 살아간다. 부모들은 부모의 사고방식을 점검해서 재정비하여, 자녀가 세상을 긍정적으로 살아가도록 도와주어야 한다.

* 긍정적인 생각으로 희망을

 사건이나 상황이 닥칠 때, 사람은 즉각적으로 생각이 떠오르고 이에 반응을 한다. 자동적으로 떠오르는 부정적인 생각(ANT)은 비합리적인 반응을 하게 하여 인간관계를 불화한다고 배웠다. 이 생각이 진정으로 나의 생각인가? 합리적인 생각인가 비합리적인 생각인가? 내가 왜 이런 생각이 들까? 라고 소리 내어 자신에게 묻고 자신에게 대답해 보며 자신의 생각을 정리한다. 부정적인 생각을 지우거나 뒤로하고, 긍정적이고 합리적인 생각으로 뇌를 채운다. 그리고 소리 내어 새로운 자기의 감정, 생각, 신념을 자신에게 말하거나 적는다. 이런 훈련은 소그룹으로 모여 서로 남의 사정을 나누고 이해할 때 더 효과적이다. 부정적이고 극단적인 사고를 가진 부모는 자녀와 더불어 걱정근심, 불만, 우울증 등 괴로운 삶을 피할 수 없다. 긍정적인 사고가 실생활에서 효력이 발생할 때까지 앞의 예문을 검토하면서 훈련을 반복한다.

13. 인간은 말이 통해야 행복합니다

인간관계와 대화기술(Inter Personal Communication Skill)은 절대적인 상관관계가 있다. 아름다운 대화기술은 죽어가는 영혼을 살리는 반면, 대화기술을 모르면 사람을 실족시키고 죽이기도 한다. 대화는 원칙, 말씀(Bible)과 삶(Life)을 연결해주는 길이요 사랑전달법 "How"이다. 다른 인간의 도움이 필요하고 다른 사람에게 도움을 줘야 할 때, 말이 통해야 서로의 목적에 도달할 수 있는 것은 당연하다. 자신의 불행은 외부에서 받은 상처에 의한 것이라고 생각한다. 실제로 문제는 아픔을 주지 않는다. 문제를 어느 시각에서 받아들이고 어떻게 대처하느냐에 따라 갈등과 고통을 겪는다. 대체로 불행은 인간관계가 꼬여서 생긴다. 자녀의 방황, 부모의 실망, 탈진, 부부의 갈등, 좌절하는 직장인 등의 진통은 화목하지 못한 관계의 결과다. 현재 우리 사회는 대화의 부재로 인해 고통 받고 있다. 화목과 행복의 열쇠는 효과적인 대화기술로, 존중과 사랑의 관계를 형성하는 것이다.

이 세상에서 이웃이나 남에게 내가 할 수 있고 해야 하는 것이 수도 없이 많다. 그 중에 사랑을 우선으로 꼽는다. 인간은 남의 도움이 있어야만 살 수 있는 미약한 사회적 동물이다. 우린 관계를 떠나 존재하지 못한다. 생물학적인 욕구를 넘어선 사랑과 감정을 나누기 위한 소통이 절대적으로 필요하다. 가장 필요한 곳은 자녀와의 관계고, 배우자나 다른 사람과의 사이에서도 마찬가지다. 말이 통하는 좋은 관계형성에 효과적인 대화기술만큼 유용한 도구가 없다.

우리말은 다양하고 아름답다. 세상을 풍요롭게 만들 수 있는 특별한 언어와 문자를 가진 우린 부자다. 자신의 감정, 희노애락을 멋지게 구사할 수 있는 아름다운 대화기술은 행복한 삶을 위한 소통방법인 것을 강조한다.

14. 어떻게 도울 수 있을까요? 문제 예문

20세 토미는 워낙 말이 적은 내성적인 아이다. 고등학교 까지는 비교적 잘 지내고 대학교에 들어갔다. 대학 일학년 때 낙제점수가 있어 여름방학에 공부해서 메꾸기로 했다. 집 근처의 대학교에서 한 과목을 공부하는데, 학교에 가지 않는 날이 많았다. 방에서 나오지 않고, 잠도 잘 못자고, 밥도 식구들과 먹지 않았다. 엄마는 달래고 야단치고 해 보았지만, 달라지지 않았다. 아빠가 보다 못해 큰소리로 야단을 치니 토미가 문을 잠그고 소리치며 벽을 주먹으로 쳤다. 그 후로 식구끼리 눈치만 살피고 대화도 못하게 되었다. 어느 날부터 토미가 밖에서 이상한 소리가 들리고, 누가 자기를 감시한다며 두려워했다.

15. 가정과 직장에서 유용하게 쓰이는 대화기술

소아과 전문의 이정옥 박사 인터뷰

소아과 전문의 이정옥 박사는 미국 캘리포니아주 아나하임에서 소아 전문의사로 30년 이상 이민 역사에 한 획을 긋고 있다. 자녀를 위해 이민 온 1세를 시작으로 이제는 2세 3세까지 두루 보살피는 노련한 소아과 전문의다. ABC이사장과 스태프가 병원 사무실이 거의 끝날 무렵에 방문하여 닥터 이정옥 박사와 직원들을 만났다. 모두들 아이들의 건강을 위해 촌음을 아껴 일하는 모습이 자랑스러웠다. 그는 사춘기 자녀와 부모관계에 문제, 어린 아이의 행동을 훈련해야 할 때, 그들에게 귀를 기울이고 관심을 쏟는 특별한 의사다. 그리고 서슴지 않고 상담을 권한다.

닥터 이의 진료실에서는 환자는 물론, 직원들 사이의 관계, 가정의 행복과 안정을 위해 대화교육을 적극 권장하고 실시하고 있다. 그런 목적을 위해 10여 명의 간호사와 직원들이 대화교육을 배울 수 있도록, 시간적 편의를 도모하고 사무실에서 직접 공부하고 체험나누기를 한다. 작년부터 3번을 거듭 공부하고 체험을 나누는 시간을 가진 후에 가정에서는 물론 병원사무실 동료들 간에 더욱 화기애애하고 일이 효과적이라고 했다. 환자와 보호자를 더 편하게 해줄 수 있는 공감대화를 하니, 힘든 환자들의 만족도가 더욱 높아졌다고 기뻐했다. 이러한 사실은 어느 사무실에서도 보기 드문 신선한 충격이었다.

끊임없는 연구와 임상경험의 결과로 이루어낸 아름다운 대화

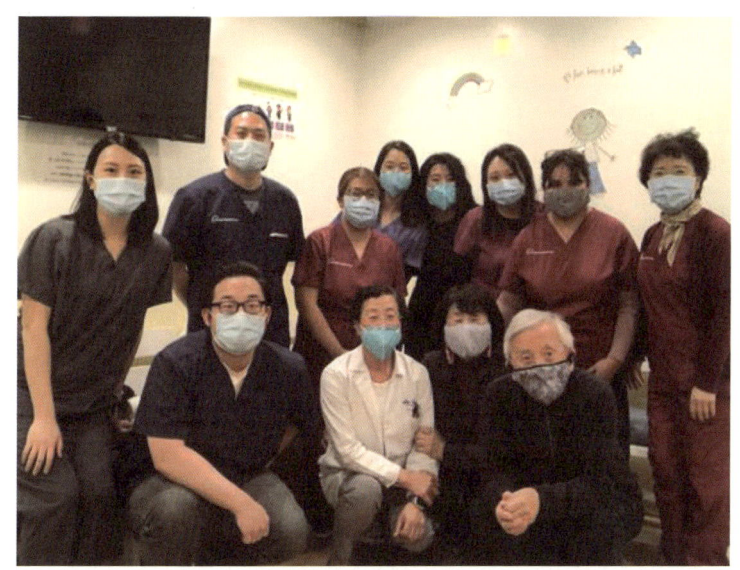
중앙 흰가운 입은 이정옥 박사, 여명미, 여천기 저자와 직원들

기술이 모든 사람에게 유익한 것을 알았다고 했다. 지도자, 사역자, 부모, 조부모, 평화의 도구로 쓰임 받고자 하는 모든 사람에게 권한다며, 반드시 하나님의 사랑을 체험하는 계기가 될 것이라 확신한다는 말로 인터뷰를 끝냈다.

하나님이 보내주신 귀한 동료 이정옥 박사는 ABC상담대화 교육원의 주요 설립멤버다. 이사로 도움을 아끼지 않는 동역자다. 격려를 아끼지 않는 닥터 이정옥 박사와 바쁜 시간을 할애하여 인터뷰에 응해준 직원 여러분께 진심으로 감사한다. ✣

도움 받은 도서 목록 References:

Adams, M. D., & Francis V. (2004). *Healing through empathy*. Lincoln, NE: iUniverse.

Alcoholics Anonymous World Services Inc. (1952). *Twelve steps and twelve traditions*. Alcoholics Anonymous World Services, Inc.

Amen, D. (1998). *Change your brain, change your life: The breakthrough program for conquering anxiety, depression, obsessiveness, anger, and impulsiveness*. New York, NY: Times Books.

Amen, D. G. (2002). *Healing the hardware of the soul: How making the brain-soul communication optimize your life, love, spiritual growth*. New York, NY: The Free Press.

American Psychiatric Association. (1995). 정신장애의 진단 및 통계 편람 제4판: *Diagnostic and Statistical Manual of Mental Disorders Fourth Edition*. Washington, DC: American Psychiatric Publishing. Translated by Rhee; K. H. M.D. PhD. et al. : Seoul, Korea

American Psychiatric Association. (2013). *Diagnostic and Statistical Manual of Mental Disorders Fifth Edition*. Washington DC: American Psychiatric Publishing.

Balter, L. & Shreve, A. (1985). *Child sense, understanding and handling the common problems of infancy and early childhood*. New York, NY: Poseidon Press.

Beattie, M. (1989). *Beyond Codependency*. New York, NY: Harper & Row, Publishers, Inc.

Beck, A. T. (1999). *Prisoners of hate: The cognitive basis of anger, hostility, and violence*. New York, NY: HarperCollins

Publishers Inc.
Bhakti, S. (1991). *Listening with the Heart and Other Communication Skills*. Santa Cruz, CA: Gaea Center.
Blanchard, K., Lacinak, T. Tompkins, C. & Ballard, J. (2002). 칭찬은 고래도 춤추게 한다: *Whale Done!* Seoul, Korea: The Free Press.
Bodenhamer, G. (1995). *Parent in control: Restore order in your home and create a loving relationship with your adolescent*. New York, NY: Touchstone.
Borysenko, J. (2007). *Minding the body, mending the mind*. New York, NY: Da Capo Lifelong Books.
Bradshaw, J. (1988). *Bradshaw on the family: A revolutionary way of self-discovery*. Deerfield Beach, FL: Health Communications, Inc.
Briggs, D. C. (1967). *Your child's self-esteem*. New York, NY: Doubleday.
Burns, D. (2000). *And it's all your fault: How to overcome anger and interpersonal conflict workshop (sponsored)*. Orange, CA: Institute for Behavioral Health Care (IBH).
Canter, L. & Canter, M. (1992). *Assertive discipline: Positive behavior management for today's classroom*. Santa Monica, CA: Canter & Associates Inc.
Carter, L. & Minirth, F. (1993). *The Anger Workbook*. Nashville, TN: Thomas Nelson Inc.
Cloud, H. (1994). *Changes That Heal*. Grand Rapids, MI: Zondervan Publishing House.
Coles, R. (1993). *The call of service: A witness to idealism*. New York, NY: Houghton Mifflin Company.
Coles, R. (1995). *The mind's fate: A psychiatrist looks at his profession – Thirty years of writings*. Little Brown and

Company.

Coles, R. (1997). *The moral intelligence of children: How to raise a moral child*. New York, NY: Random House.

Corona, P. D. (2007). *Healing the Mind and Body*. USA: Corona Mind-Body Institute, Inc.

Covey, S. (1997). 성공하는 가족들의 7 가지습관: *The 7 Habits of Highly Effective Families*. USA: Franklin Covey Company; Korea: Gimm-Young Publishers.

De Bary, R. T. (1996). *The trouble with Confucianism*. Cambridge, MA: Harvard University Press.

Dinkmeyer, D. & McKay, G. D. (1990). *Parenting Children: Systematic Training of Effective Parenting (STEP)*. Circle Pines, MN: American Guidance Service.

Dinkmeyer, D. & McKay, G. D. (1990). *Parenting Teenagers: Systemic Training for Effective Parenting of Teens*. Circle Pines, MN: American Guidance Service, Inc.

Ezzo, G. & Ezzo, A. M. (1996). *Growing Kids God's Way*. Growing Families International Press.

Faber, A. & Mazlish, E. (1980). *How to talk so kids will listen & listen so kids will talk*. New York, NY: Harper Collins Publishers, Inc.

Francis, R. C. (2011). *Epigenetics: How environment shapes our genes*. New York, NY: W.W. Norton & Company, Inc.

Greene, B. (2013). *Lessons from my parents: 100 shared moments that changed our lives*. Familius.

Higgins, G. O. (1994). *Resilient adults: Overcoming a cruel past*. San Francisco, CA: Jossey-Bass Inc.

Hom, S. (1996). 적을 만들지않는 대화법: *Tongue Fu!* Translated by 이상원. Seoul, Korea: Galmaenamu Publishing Co.

Jamison, K. R. (1995). *An Unquiet Mind.* New York, NY: Vintage Books.

Jantz, G. L. & McMurray, A. (2016). *Five Keys to Raising Boys.* Carson, CA: Aspire Press.

Jessup, L. E. & Baldwin, E. L. (2012). *Parenting with courage and uncommon sense.* CreateSpace Independent Publishing Platform.

Josephs, L. (1995). *Balancing empathy and interpretation: Relational character analysis.* Northvale, NJ: Jason Aronson Inc.

Kato, T. (2016). 왜 나는 사소한 일에 화를 낼까?: *Anohito Ha Naze Sasainakoto De Okoridasunoka.* Tokyo, Japan: Seishun Publishing.

Kishimi, I. (1999). 아들러 심리학을 읽는 밤. Tokyo, Japan: Bestsellers, Co.

Kirberger, K. (1999). *On Relationships: A Book for Teenagers.* Deerfield Beach, FL: Health Communications, Inc.

Krueger, C. W. (1981). *Six weeks to better parenting.* Gretna, LA: Pelican Publishing.

Langer, E. J. (1989). *Mindfulness.* Reading, PA: Addison-Wesley Pub. Co.

Lucado, M. (2005). 너는 참 대견하구나: *BuzBy, The Misbehaving Bee.* Translated by 최혜영. Seoul, Korea: Duranno press.

Mack, W. (1977). 부부생활 성경공부: *Marriage Relationship.* Translated by 조숙현 and 노현숙. Seoul, Korea: Tyrannus Press.

Maggio, R. (1990). *How to say it!: Choice words, phrases, sentences, and paragraphs for every situation.* Paramus, NJ: Prentice Hall.

McGinnis, E. & Goldstein, A. P. (1990). *Skill-streaming in early childhood: Teaching prosocial skills to the preschool and kindergarten child*. Champaign, IL: Research Press Company.

McGoldrick, M. (1985). *Genograms in Family Assessment*. New York, NY: W.W. Norton & Co. Inc.

McKay, M., Rogers, P. D., & McKay, J. (2003). *When Anger Hurts (Second Edition)*. Oakland, CA: New Harbinger Publications, Inc.

Mizushima, H. (2015). 자기긍정감을 회복하는 시간. Japan: Daiwashuppan, Inc.

New International Version Bible. (1999). The NIV Bible.

Restake, R. M. (1988). *The Mind*. New York, NY: Doubleday.

Rice, F. P. (1996). *The Adolescent: Development, Relationships, and Culture*. Allyn & Bacon.

Ryu, C. K. & Ryu, M. M. (2004). 이런 대화가 삶을 바꾼다: *Effective Communication Skills to Change Your Life*. Seoul, Korea: Shin Mang Ai Press.

Ryu, C. K., Ryu, M. M. & Ko, M. H. (1997). *Practice Training for Democratic Parenting*. Orange, CA: Reformed Family Communication Center.

Severe, S. (1997). *How to behave so your children will, too!* Grewnan, GA: Greentree Publishing.

Siegel, D. J. (2007). *The Mindful Brain*. New York, NY: W.W. Norton & Company, Inc.

Siegel, D. J. (2012). *Pocket guide to interpersonal neurobiology: An integrative handbook of the mind*. New York, NY: W.W. Norton & Company Inc.

Siegel, D. J. & Bryson, T. P. (2014). *No-drama discipline: The whole-brain way to calm the chaos and nurture your child's developing mind*. New York, NY: Bantam Books.

Siegel, D. J. & Hartzell, M. (2003). *Parenting from the inside out: How a deeper self-understanding can help you raise children who thrive.* New York, NY: Penguin Group Inc.

Townsend, J. (2006). *Boundaries with teens: When to say yes, how to say no.* Grand Rapids, MI: Zondervan Publishing House.

Tripp, T. (1995). *Shepherding a child's heart.* Wapwallopen, PA: Shepherd Press.

Wanderer, Z. & Cabot, T. (1978). *Letting Go: A 12-week personal action program to overcome a broken heart.* New York, NY: Dell Publishing.

Yancey, P. (1999). *The Bible Jesus Read.* Grand Rapids, MI: Zondervan Publishing House.

Yancey, P. (2001). *Soul Survivor.* New York, NY: Doubleday.

권이중. (1989). 맴도는 아이 방황하는 부모. Korea: 웅진 출판주식회사.

이근삼. (1991). 개혁신앙과 문화. Korea: 도서출판 영문.

이근삼. (2002). 조직식학강의서. Anaheim, CA: Evangelia University.

이성호. (1997). 흔들리는 부모, 방황하는 아이들. Korea: 조선일보사.

이시형. (1990). 크게 멀리 보고 키워야 됩니다. Korea: 집현전.

에브레트 쇼스트럼/댄 몽고 메리. 1989. 성숙한 크리스천의 성격. 연문희 옮김. Seoul, Korea: 성광문화사.

유네스코. (1992). 미래를 향한 가정교육. Korea: 양서원.

월터 헨린슨. (1981). 자녀를 그리스도의 제자로. 양은순 옮김. Seoul, Korea: 생명의말씀사.

연규호 and 이윤홍. (2019). 생각하는 뇌, 고민하는 마음, 문학의 창조: *Thoughtful Brain Agonizing Mind, Literary Creation.* Seoul, Korea: 도서출판 규장.

이무석. (2009). 나를 사랑하게 하는 자존감. Seoul, Korea: 비전과리더십.

신의진. (2005). 현명한 부모들이 꼭 알아야 할 대화법. Seoul, Korea: 랜덤하우스코리아(주).

이상각. (2002). 아버지가 들려주는 아들에게 삶의 황금률. Seoul, Korea: 책이있는마을.

| 후기 |
COVID19 Pandemic 스트레스 그리고 감사

  미루어 두었던 원고를 마무리하는 지금, 전 세계를 위협하던 COVID19 사태가 서서히 수그러지는가 하다가 다시 기승을 부리고 있다. 마스크 없이는 밖에 나가지 못하고 6피트 거리두기를 지켜야 하는 불편한 나날의 연속이다. 어지간한 일이 아니면 집 안에서 지내야 하는 이때, 몇 가지 미루어 놓았던 일들을 하게 된 것은 그나마 다행이다. 못할 줄 알았던 정신건강-정신질환 세미나(여천기 정신과 전문의)와 대화기술교육(서유진, 여명미), 부모교육과 문제해결 대화기술(여명미)을 줌(Zoom) 영상으로 진행한 것은 큰 수확이다. 이 책의 핵심은 인간관계 대화기술이고, 대화기술교육은 인간이 성숙해 가는 실천적 학문임을 재확인하는 시간이었다.

  25년 전 가정문제, 자녀문제로 고민하는 많은 분들과 만나 공부하고 서로 서포트하며 『이런 대화가 삶을 바꾼다』(2005년 출간, 공저)를 출간했다. 이는 부모를 위주로 한 책이었다. 그 후 20년 동안 세미나, 교육, 상담 등을 하며 여러분들을 만났다. 고통을 호소하는 부모, 조부모, 아내, 남편들이 우리에게 인내와 지혜를 가르쳐 주었다. 그러는 중에 여러분께 꼭 알리고 싶은 귀한 것들이 있어, 모아 다시 책을 쓰기 시작했다. 인간관계와 기본적인 대화기술에 관한 책이다. 성경말씀이 중심에 있고 그 롤 모델이 당연히 예수님이다. 인간과 인간관계, 인간의 삶, 대화기술, 정신적 문제의 이론과 의학 과학적 이론을 실제에 비추어 간단하게라도 알리려 했다. 이는 독자들이 먼저 자신을 이해하고 인간 관계와 대화기술의 이론과 언행을 익히는데 도움을 주는 것이 그 목적이다. 배운 대화기술을 현실 생활에 적용하는 훈련에 중점을 두었다. 자신의 삶이 대화기술과 어떻게 연결되어 있는지를 독자들이 생각하고 자신을 평가해 보는 시간을 갖는 것도 큰 바람이다. 그동안 저희들과 같이 공부한 많은 분들의 말, 생각과 행동이 놀랍게 변화하는 것을 보았다. 이 조그만 책을 통해 같은 변화가 많은 분들에게 일어나고 용기를 가지고 원하는 삶을 찾을 수 있다면 저자로서 한없이 감사하고 기쁜 일이다. 인생이 고통스럽고 힘든 때라도 물러서지 말고 바른 길을 찾아 희망을 갖기를 마음 깊이 기원한다.

이 책의 저자들은 연구가가 아니다. 이 책은 전문가들이 연구하고 가르친 내용을 저자들이 배우고 실천하고 가르치며 얻은 지식과 지혜를 담았다. 부모와 자녀, 부부와 조부모의 세대를 경험하며 40년 넘게 임상경험을 하였다. 세대가 두 번 이상 바뀌는 동안 세상의 문명과 지식은 초고속으로 변화를 거듭하고 있다. 반면, 속사람의 변화는 야박할 만큼 더디다. 늘 같은 모습으로 우리의 변화를 기다리시는 예수님의 사랑이 희망임을 깨닫고 감사한다. 저자들은 여러분들과 만나 지혜를 배우는 특권자이고 빚진자들이다. 처음에 나오는 저자의 글이 진부할지라도 읽어주시기를 부탁드리는 것은 빚진자들의 심정이 담겨 있어서다. 바라기는 누구나 이 책에서 예수님의 사랑의 진리를 조금이나마 만나는 기회가 되기를 희망한다.

Assertive Beautiful Communication Skill, It's Power
사람을 살리는 아름다운 대화기술 그 힘

1쇄 발행일 | 2021년 06월 15일

지은이 | **여명미** Myung Mi Ryu **여천기** Chun Kee Ryu **서유진** Yoojin Seo
펴낸이 | 윤영수
펴낸곳 | 문학나무
편집 기획 | 03085 서울 종로구 동숭4나길 28-1 예일하우스 301호
이메일 | mhnmoo@hanmail.net

출판등록 | 제312-2011-000064호 1991. 1. 5.
영업 마케팅부 | 전화 | 02-302-1250, 팩스 | 02-302-1251
ⓒ여명미 여천기 서유진, 2021

값 15,000원
잘못된 책은 바꾸어 드립니다
지은이와 협의로 인지는 생략합니다
무단 전재 및 복제를 금합니다
ISBN 979-11-5629-121-3 03190